说话的艺术

The Art of Talking to Anyone

[美] 罗莎莉·马吉欧（Rosalie Maggio）◎著

正林　王权◎译

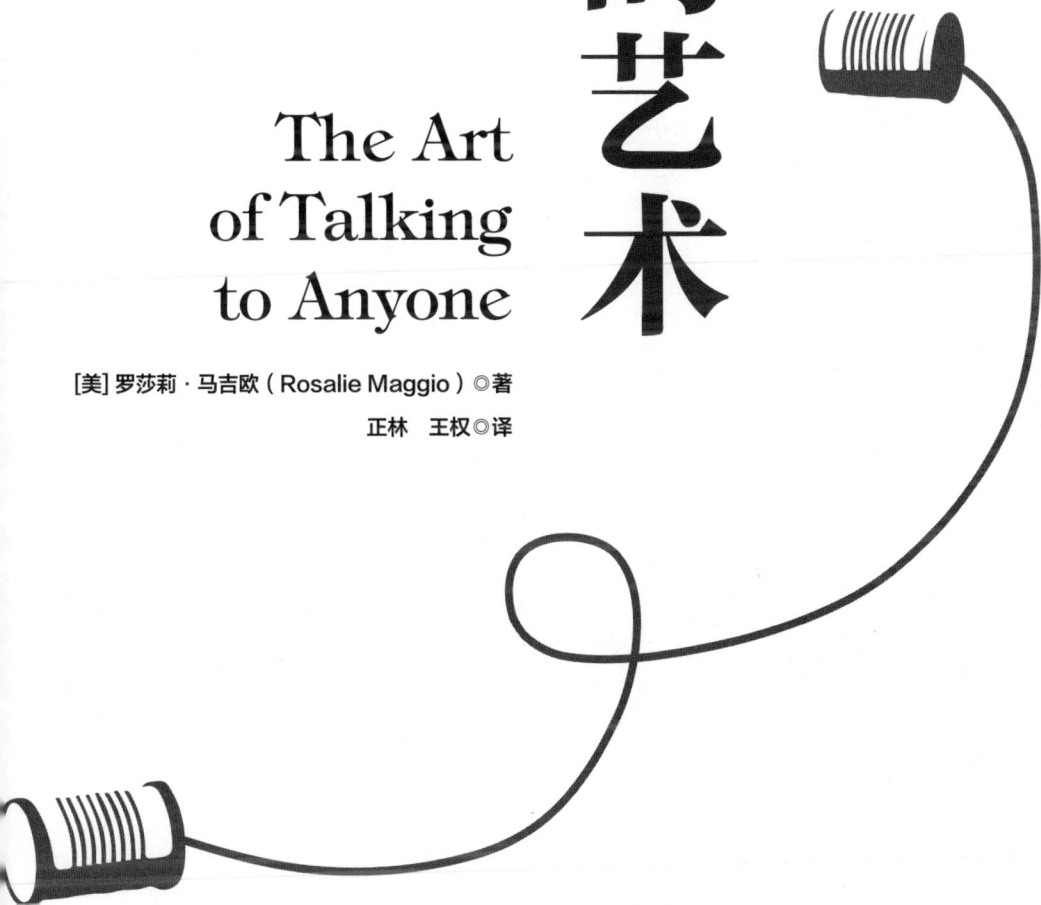

CS 湖南文艺出版社
HUNAN LITERATURE AND ART PUBLISHING HOUSE
博集天卷
CS-BOOKY

引言

翻开这本书时，你很可能已经意识到与人流畅、得体地交谈是成就你工作、事业以及个人幸福的重要因素。因此，做个会聊天的人，其重要性不言自明。基于这个共识，本书不会告诉你"为什么"要能言善道，而是教你"如何"能言善道。

你一生中取得各种成就的所有能力之中，没有什么比有效沟通的能力更重要。其实任何人都可能成为能说会道的人，沟通能力是决定我们成败与否的最具影响力的因素之一。

相信你已经学会了最基本的交谈技巧，与人们交谈、聊天可能已经成为你生活中重要的一部分，你的口才也许比你想象的还好些。不过，就算你不是完美主义者，但至少是个不断上进的人，因此你一定想把口才练得更棒。你需要去和别人搭讪、沟通、交流，介绍自己，为自己打开局面，认识更多人，为自己"说出"一方人生舞台。

本书充满着正能量，能鼓励、激发你的交谈潜能，让你在交谈时更加自信，在任何时间、任何地点、面对任何人时都能挥洒自如、能言善道、谈笑风生。

本书分为上下两篇，上篇是"工具箱"，包括搭讪、交谈、聊天的指南及策略，向你展示能言善道所需的全部要件：什么才是好问题？何时不宜讲笑话？如何摆脱滔滔不绝的"唐僧"？你有哪些无意识的口头禅？如何应对别人无礼的问题？如何得体地介绍两个人认识？

下篇针对你生活中可能开展交谈、聊天的九大场合提出实用的技巧。每个章节都包含了该说什么、不该说什么，在特定状况下该做什么以及如何应付各种状况的建议。"情景对话"部分则示范了如何与他人一来一往地自然交谈。

没人敢说做个受欢迎、有魅力、会聊天的人是件简单的事。一百多年前，美国知名传记作家甘梅利尔·布拉德福德就曾坦言："不知什么原因，我发现和别人交谈很难满意。我无法确切表达出我的意思，而我已经说出口的话或不该说出口的话，又让我很懊恼。"对于他描述的情况，你听起来是不是似曾相识？

你是否曾问过你的朋友："怎样进行令人满意的交谈？"朋友也许回答："经验！""哦？那该怎样获得经验？"朋友或许冷冷地说："就从差劲的交谈中汲取！"

本书不仅能够让你避免陷入糟糕的交谈，更重要的是能让你成为充满自信、受人欢迎、口齿伶俐的交际达人。

目录 **CONTENTS**
说话的艺术

上 篇

下　篇

上　篇

第1章
成功地交谈是门艺术

想让每个人都喜欢与你交谈，最重要的一点就是自信。

由于聊天的目的是要让人们感到舒适、自在，因此，当交谈的任何一方出现忸怩、紧张、拘谨，就社交上而言都是不恰当、不得体的。

交谈之前

在开始一场富有魅力、妙语连珠的交谈之前，与人交谈的艺术其实早就摆在那里了。面对一场交谈时，从自我介绍、肢体语言到优雅地结束，你应当掌握哪些环节和步骤呢？又有哪些注意事项呢？

积极的态度

为了给人留下好印象，在工作中、会议上、宴会上或任何聚会上，你一定要保持积极的态度。积极的人赢得整个世界。

如果你讨厌某个场合，可想而知，在那里跟人聊天肯定不爽。因此，你要么让自己心情愉快，大方地与人交谈，要么干脆留在家里不出去。如果因为工作或家庭义务的关系，你不得不参加某些聚会，那么请记住，面对同一种状况时，积极的态度与消极的态度产生的结果真的截然不同，而选择权在你自己手里。

有话可说

一定要事先做好准备，做到"有话可说"。怎样找到跟别人聊天的话题呢？很可能你刚刚看过报纸、周刊，或者你偶尔还看看书，你还可能从广播、电视、跟朋友闲谈、演讲、搭乘地铁或在杂货店购物时听到别人的聊天内容，这些都可以作为你的储备话题。此外，多了解点儿热门新闻及大众文化，可以保证你在聊天场合中不至于言语乏味、无话可说。

当然，不能生硬地把你所知道的事都扯进交谈中来。当你觉得需要打破沉默时，可以问个问题，比如："你有没有看到今天的报纸提到……""有没有人看了斯蒂芬·金①最新出版的那本书"，如果大家对你的开场白没有兴趣，那就再试着提提别的事情，多试几次。如果试了几次之后都没有效果，那么可能其他人正沉浸在某个话题中，实在无法分心来搭你的话，这没关系，你加入他们的话题就是了。**你的目的是认识他们，而不是谈论某个话题。**

也有另一种可能，你试了几次之后都没有回应，可能是因为在这个时刻、这个地点他们不欢迎一个外人。这很简单，你再去寻找其他可能成为朋友的人就是了。没必要为此感觉难堪，陌生人之间这样很正常，你自己也经常会这样。

要事先准备好你感兴趣的人物、活动、问题等一连串交谈的主

---

① 斯蒂芬·金：著名的美国恐怖小说作家，就像中国武侠小说作家金庸一样，两者都是峰巅人物，其地位是不可替代的。他被青年一代奉为"恐怖小说之王"。

题，然后在参加社交或商务活动之前先好好想想这些谈话主题的内容。也许你在交谈时不需要提到这些话题，但在必要的时候你可以用它们来应付突发场面。

如果可以的话，最好先初步了解参加活动的成员背景，然后就此准备相应的谈话内容。有了这些信息之后，再加上三四段聊天花絮，几乎就可以让你从容应对任何交谈场面了。不过，千万不要事先排练可能的"对话"，大多数对话都是不按常理来进行的，这恰好是人与人的交谈可能出乎意料的原因所在，事先了解充足的信息就好。况且，事先排练对话会让你看起来很矫情。

从容与自信

想让每个人都喜欢与你交谈，最重要的一点就是自信。你要想象这样的场面：你走进一个房间，因为心情愉快而备感舒畅；同时，你会碰到一些有趣的人，也完全可以应付所有的交谈场面。

你要预期自己受到大家的欢迎与认可，这样才能理所当然地相信人们会乐意与你相处。这么想没什么不对，因为你是被邀请而来的，你是这个圈子的一部分，你是个很好相处的人。

要做到举止从容、行为得体且充满自信，以下三个原则我们必须要坚持遵循：

1. 人们会从你的自我评价中来看待你这个人，你对自己的态度会通过别人对你的看法反映出来。如果你觉得自己没有社交技巧，其他人最后也会这样认为。如果你觉得自己无话可说，那就一定会无话可谈，而人们也会认为你是个没话讲的人。如果你自认是无名小卒，实际上就是在请别人也那样看待你。而相反地，如果你觉得自己是个体贴、聪明、有吸引力的人，别人也就会这么认同你。

人们通常懒得去对别人产生看法，只会凭着显而易见的事实或听到的评论去形成印象。因此，最好的办法就是主导他们产生你希望他们对你所产生的看法。

2. 人们会感受到你的情绪，并且会回应你的情绪。如果你热情，他们也会热情；如果你无趣，他们也会感到无趣。

3. 人们会表现出你期待他们表现的行为。如果你认为人们很不友善、傲慢，那么他们可能就真的以这样的方式来对待你；如果你认为他们看不起你，到最后他们可能就真的瞧不起你。但如果你认为人们都很有趣、热情，玩得来，那么他们会证明你这样的看法是十分准确的；如果你期望别人认同你，他们会做到的。

如果你有防御心、恐惧感或是觉得轻松、开朗，人们都能感觉到你的心情。他们可能不会完全地理解你，但在某些层面来讲，无论你的想法、感觉是什么，他们或多或少都会接收到你的感觉，然后把这种感觉原原本本地反映给你。

由于聊天的目的是要让人们感到舒适、自在，因此，当交谈的任何一方出现忸怩、紧张、拘谨，就社交上而言都是不恰当、不得体的。

你一定会怀疑，难道有什么法宝能让你从一败涂地的社交新手转而变成"健谈帝"？这个法宝就是表现出"别人期望的样子"。也就是说，要表现得勇敢、自信，觉得别人肯定喜欢看到你，而且你必须相信——或至少要假装相信——别人很愿意花点儿时间和你聊聊。

世界顶级谈判大师赫布·科恩，曾任美国前总统反恐顾问，美国联邦调查局、中情局和司法部顾问，他说："所有的力量都基于感觉，如果你觉得你能做到，你就能做得到；如果你觉得你做不到，就算你做到了，终究还是没做到。"

一开始你可能觉得很不自然，但是只要你给自己积极的暗示，以后的行为举止就会越来越自在。你要不断地提醒自己：绝大多数人都与人为善、态度良好，并且愿意给任何人机会，甚至是第二次机会。

"救命啊！我好比是跳上岸边快要干死的鱼！我不知道要说什么才好！我实在好无聊！不会有人对我感兴趣！那我就脱口随便说了！他们肯定会发现我是个虚伪的人！"如果你在与人见面的时候内心有这些想法，那也无妨，但一定要挺直腰杆，面带微笑，跟人握手，平静而愉快地说："很高兴见到您！"

记住：你并不是每个人心目中的重要人物，同时，聚会里的每个人不可能都想和你结婚、把你当成最好的朋友或跟你共享办公室，说得坦白些，这些人跟你的生活真的有很大关系吗？可能关系并不大，所以，你和大多数交谈的对象可以低调、愉快地谈话，但你无须成为每个人的"热门人物"。你不必表现得很完美，因为力求完美、渴望做"对的"事情往往是很多优秀交谈者失败的原因。放轻松些，总体而言，这些随意的寒暄并不十分重要。

如果你努力让别人感到舒服，你会更受人欢迎，变得更快乐。你无法让所有人都喜欢你，但你可以尽量对别人表示出你的喜欢。

肢体语言

从你进门的那一刻起，你的身体就在向别人介绍你这个人。

如果有个人急匆匆地冲进一场聚会，看起来很急躁，而且脸上还微微冒汗；或是偷偷摸摸、没精打采的样子；或是缩着肩膀，露出乞怜小狗般的眼神，全身上下写着"抱歉"的模样，你会怎么看他？你可能不想跟这种人聊天。想想看，你想投射出什么样的形象，"自信"不就是其中之一吗？

站姿与坐姿

如果你已养成了良好的站姿和坐姿，那就太幸运了。在和人们说话的同时，如果还要提醒自己"抬头挺胸""缩肩""收腹"，那会很容易分心。如果你的姿势需要矫正，请在谈话之前或者之后矫正，而不要在谈话的过程中做这件事。你原本可以是个有趣的人，但如果你的肢体动作不自然，那将成为你人际沟通的障碍。

肢体语言从不说谎。抬头挺胸（但不僵硬）、动作沉稳利落的人自然而然就能获得别人的尊重。从你带着庄严、从容的自信踏入交谈场合的那一刻起，你就在告诉你自己和现场的人们：你是个重要人物。

良好的姿势包括你抬头的样子。琢磨一下你身边的人抬头的模样，看看你和他们有什么不同。

一般来说，你得与对方保持头部的水平高度，抬头象征着自信、坦率、有能力，同时也会让你说话的语调比较昂扬，并且让其他人感觉到你正在直视他们的眼睛。

头部低垂、眼睛盯着地面，会让你看起来缺乏信心、容易受伤、态度被动，甚至还可能让人们觉得你有罪恶感。

把头歪向一边（多数人是歪向右边），可能代表着好奇与兴趣，但同时也可能意味着不安、无助、依赖或迷惑。

坐立不安的肢体语言

有些肢体语言很难控制：

❖ 涨个大红脸

❖ 脸部肌肉抽搐

❖ 不自主地做鬼脸

❖ 快速频繁地眨眼

努力树立自信、表现自在是消除这些本能反应的唯一办法，当你开始觉得自己是个能力强、反应快的谈话者时，上述这些很难控制的肢体语言都会逐渐消失。

以下列举的其他肢体语言，可以通过练习加以控制：

❖ 调整眼镜

❖ 不断地清喉咙

❖ 手臂紧抱胸前

❖ 转动手中的笔、手提包或其他东西

❖ 坐立不安

❖ 用手指拨开戒指或首饰

❖ 手臂交叠及摊开手臂

❖ 咯咯咯地傻笑

❖ 不断地瞄手表（美国总统自由勋章获得者、德鲁克基金会创始人弗朗西斯曾说："我在跟人谈话时绝不会看手表，我觉得这个动作太侮辱人了！它会让人觉得你在估算对方的话是否值得花时间听。"）

❖ 拉皮带

❖ 四处张望

❖ 分心的手势

❖ 挑衣服的线头

❖ 把手放进口袋

❖ 把头发往后拢、甩头发、抚平头发，或把头发弄散

❖ 前后左右地抖脚

❖ 抓头或抓下巴

❖ 没精打采或身体倾斜

❖ 抚平衣服

❖ 拉胸罩或塞皮带

❖ 拉衬衫的袖口

❖ 捻胡子

首先要意识到你正在做什么，上述行为中的多数属于那些不知道自己正坐立不安的人，反复、无意义的动作则源于焦躁与局促不安。一旦你开始对自己的交谈技巧与自己受欢迎的程度树立信心后，就可以很容易消除这些动作。

分心很容易令谈话的对方产生紧张感，不要把你的注意力从对方身上移到某个穿着花哨的女人身上，也不要分心去瞧墙上那些看不懂的艺术品，或者去瞟一眼刚刚进门的人。你应当把注意力专注于正在交谈的对象，其他事情都别去管。

其他可以避免的肢体语言还包括：

❖ **左右摇晃或用食指指别人**。这个手势极为挑衅，也不受欢迎。若要强调你的论点，还有其他方式，大可不必比画食指。

❖ **站得太靠近某人**

人与人之间保持多大的距离往往因人而异，但对某些人而言，这件事很重要。你应当主动走向别人，那样能表现出你的热忱与自信，但仍然要注意保持恰当的距离。

适度的手势，只要不是一直在重复，也能获得别人的欣赏。观察上述这些坐立不安的动作之后，你可以利用其他一些感觉很自然的手势来为你的肢体语言加分。

如果你要到其他国家旅游，要先熟悉当地的社会与商业习惯。举例来说，在美国代表"OK"的手势（用食指和大拇指做出"O"的形状），在日本则代表"钱"的意思，而在意大利及拉丁美洲则可能是侮辱别人的手势。在很多国家，拍拍小孩的头被认为是亲切的表示，甚至是令人高兴的手势，但在信奉伊斯兰教的国家绝对要避免这种动作，因为他们认为头是身体最神圣的部位，不能被陌生人触摸。很多优秀的丛书、旅游书籍都详细地介绍了世界各国的风俗文化，不妨一读。

微笑

什么样的动作才是最得体的肢体动作？最好的动作是真诚地微笑及偶尔有意义地点点头。无意义地及太频繁地点头和偶尔深思熟虑地点头，两者所表达的含义正好相反，后者是在告诉对方，你很专注地听他所讲的内容。

不过，微笑可以创造奇迹，它也是所有肢体语言中最重要的一种。这意味着你容易亲近、感觉自在，而且微笑表示你可以接受对方，无论他是谁。人类向来有投射他人情绪的倾向，如果你微笑，对方多半也会报以微笑。

在职场中，高层人士比其他任何阶层的人士更常微笑——不仅仅因为他们赚的钱比较多。

对某些人来说，微笑几乎意味着他们脸上的肌肉不由自主地运动，无论他们所讲的内容是什么，在什么样的场合下，他们也许都能面带微笑。不过，如果你也是这样的人，在你开始矫正脸上这种"皮笑肉不笑"的微笑之前，先记住这样一个事实：在人们的脸上，比微笑还要糟糕的表情实在是太多了。即使偶尔"皮笑肉不笑"一次，也比脸上生气、愤怒、抑郁等表情要好一些。

话说回来，不真诚的微笑、勉强的微笑都会让人不满意。但无论如何，对于任何想要露出微笑的人，都应当给他们一个展示真诚微笑的机会。任何微笑都可能是发自内心的真诚微笑。礼貌是社交之本。

"做好你自己"是个好建议，除非你发现人们总是找借口疏远你，假如这样，那就试着做别人吧！

介绍认识

介绍两人认识，有一些原则可以遵循。不过，如果你突然间想不起这些原则，那也不用担心。别害怕，试着记住你"应该"做的事，相信自己，拿出喜爱、尊重的态度，想办法让对方知道彼此的名字，这并不复杂。

❖ **介绍两人认识时：一是介绍他们的全名，二是加一句客观的身份描述，如：**

"我的一位好朋友"

"我的生意伙伴"

"住我隔壁的邻居"

"我的侄女苏珊"

"我们公司新上任的设计师"等。

借助一句对身份的描述可以给双方留下展开对话的空间，例如："你也做这一行""你住这里多久了"，但是，不要插入一些令人尴尬或夸张的描述，"他小时候我帮他换过尿布"或"她是全美国南瓜派做得最难吃的人"。如果你知道双方有些共同之处，例如：他们最近都刚去过秘鲁，他们都在收集镇纸，他们都认识你的兄弟，就可以提出来。

❖ **一般来说，介绍双方认识，难在迅速决定该把谁介绍给谁，一般的惯例是：**

"妈，我想介绍小杰克·霍纳给你认识。"

"杰克，这位是我母亲伊玛·古斯。"

虽然我们身处一个平等的社会，假使某人的社会地位比另一个人稍微高一些，那么地位低的人就该先被介绍给地位高的人。以下，左边列出的是地位较高的人：

资深主管	资浅主管
年纪较大的邻居	年纪较轻的邻居
神职人员	非神职人员
教授	学生
成人	儿童
经理	雇员
老朋友	上星期才认识的人

对于地位较高的人，你可以使用你习惯称呼他的名字。如何向别人介绍你的老板，取决于你在组织中的地位，你可以说："乔治先生（老板），让我向你介绍我的太太琼·欧森。"每次的介绍词都会有点儿不同，下面这个例子则是以常见的方式说明如何进行有效的介绍：

"安娜，你认识鲍伯·罗里曼吗？啊！很好，那就让我为你介绍他。鲍伯是培尔翰公司的翻译。鲍伯，这位是安娜·皮尔森，她也是位翻译，不过在盖斯特公司任职。"

"爸，我想介绍一位朋友琼妮·凯瑟尔给你认识。琼妮，这位是我爸阿诺·道比。没错，他是位地质学教授。爸爸，琼妮正在攻读地质学，她一直很想认识你。"

"艾登，这位是你以前听我提过的法利·诺维克。法利，这位是我的好朋友和同事艾登·墨基森。我知道你们是耶鲁大学的校友。"

"通常情况下，我不会太积极地去介绍我的两位朋友互相认识，因为往往不太成功，不过我想这次是个例外。克里斯，我想向你介绍达那·卡锡尔。达那，这位是克里斯·戴德翰。我觉得你们两人一定会很高兴认识对方，在我认识的人中，只有你们两人会讲阿拉伯语！"

"艾琳，你认识弗兰克·库伯吗？他是我的助理，没有他，我真的不知道怎么做事。弗兰克，这位是艾琳·孟德瑞尔，我们公司曼哈顿区的经理。"

"玛丽亚，我想向你介绍艾瑟儿·欧明斯顿，她是我们非常喜欢的房地产经纪人。艾瑟儿，这位是玛丽亚·高斯，她和她先生尤金尼最近想要卖房子。"

"梅莉森，这位是汉娜·佛布鲁根，是来自德国的交换生。汉娜，我向你介绍我的嫂嫂梅莉森·凯林，他们的小孩正在学习德语，梅莉森想问你有没有空做兼职家教。"

"我听说您正在制作有关聋哑人文化的纪录片，而我正想购买这种内容的影片，容我自我介绍一下，我的名字叫大卫·赫里斯。"

❖ **虽然你大可不必向对方先介绍自己就直接和对方谈起来，但这可能不是个好主意。**想一想，等你已经开始一场真诚友善的对话时，却又被对方问"嗯，你叫什么名字"，真的会很尴尬。

❖ **在自我介绍完之后，你应该称呼对方的头衔**，例如，史奈德医师。或加上敬语，例如：亚诺德小姐，尤其当对方是教授、医师、老板或长辈的话，都应该用加了头衔和敬语的称谓来称呼对方，直至他们建议你直呼其名为止。如果对方没有使用昵称，那么你也不该用昵称称呼他们。例如，不要把"查尔斯"称作"查克"，也不要把"伊丽莎白"简称为"丽莎"，除非你知道可以这么叫。此外，要注意以平等的方式称呼他人的名字，如果你刚认识一些新朋友，那么用名字称呼其中的一位朋友而以头衔称呼别的人会显得非常做作。

❖ **在紧急时刻，你可以请人们互相自我介绍。**你指着你认识的那个人，即使你只知道名字不知道姓氏也无妨，然后说"这位是珍妮"，另一个人就会反射性地说出自己的姓名，然后珍妮通常会再说出她的姓，从而完成这个对话。这并不是一个很讨喜的做法，不过有时还挺管用。

❖ 介绍后，迅速将对方的名字记在你脑海中。想办法将名字与对方的脸联系起来，或者在对话中多讲几次对方的名字，直至你觉得自己已经记住为止。有些人会收集名片，回到家后在名片上做些记录，以便日后可以记得这些人。

很多人在会议或宴会结束1～2小时后又会和对方不期而遇，但糟糕的是，他完全想不起对方的名字。这确实很尴尬。如果你忘记对方的名字，第7章会教你怎么做。

❖ 如果某个人牵着另一个人的手向你走过来的时候，你正好坐着。这时，你应该先站起来，为接下来的介绍做准备，无论是男士还是女士，都应该这样做。

❖ 要注意，在互相介绍时，"你好吗"这句话其实并不是一句问话，而是例行的问候语。你的答复就是（有时是同时说出）"你好吗"。如果要变换打招呼的语言，有时你可以说："最近好吗？"对方会回答："很好，谢谢，你呢？"再提醒一次，"你好吗"这句话只是让你缓解对话的紧张氛围的客套话。

❖ 介绍自己给别人认识时，最忌讳的就是靠近某个人，然后问："你还记得我吗？"

❖ 当你碰到一个以前见过面但没有什么深交的人时，请伸出你的手，然后提醒对方你的名字："你好，肯，我是马利欧·迪那多，真高兴又见面了。"就算不是真的见过面，你也可以让对方有机会亲切地回答："马利欧！我认得你！"想象一下，你并没有达到声名远扬以至于所有人都认识你的地步，但不管怎样，这种方法会让你变得比较有魅力。

❖ 如果对方没有说出他的名字，你可以这样自我介绍：

"你好，我是弗兰森·毕钱伯，是在三楼工作的会计。"

"你好，我是罗南德·班里克，我们房东的老同学。"

"你好，我是席拉·朵瑞，第一次参加这个会议，你成为会员很久了吧？"

"我可以做个自我介绍吗？我叫珍妮·亚玲，刚搬到这条街，我想你一定也住在附近。"

为什么那些不需要别人介绍他们的人却往往被别人用一长串最冗长的称呼和头衔来介绍呢？

握手

几乎没有人需要学习如何握手，不过，为了让你对这个谈话前的动作有十足的把握，在此提出几项指导原则：

❖ 在靠近某个人之前，先伸出你自己的手。

❖ 看着他们的眼睛，轻轻地微笑，试着让自己的脸上表现出"啊，你看起来很棒！"的样子。

❖ 握住对方的手，掌心对掌心，沉稳有力但不要过紧。记住！看起来健康的人或许也患有手部关节炎，痛苦不堪；还有的人可能戴着戒指，握手用力过度，戒指会硌得他们生疼。试着让你握手的手势与对方的手势相吻合，他们也会用和你吻合的握手手势来回报。令人不可思议的是，只要稍稍留意，你完全可以做出让所有人都满意的握手手势。

❖ 在有些国家，双方握手会出现上下摇动的动作，这是拉近两人距离的表达方式；在另一些国家，人们会特意把左手放在彼此握着的手上面，以传递更多亲切感。在美国，人们有时会持续握手好几秒钟；如果相互握手的两人之中有一个人一直十分期待认识对方，那么握手的时间就会延长，另一只手则可能很自然地放到握着的手上来。最保险的建议是，除非你强烈地觉得自己可以让双方在握手时产生特殊的感觉，否则还是让自己顺着对方的握手习惯。

❖ 握手时要看着对方的眼睛，然后说出你的客套话，例如："真高兴！终于见到你了。"

❖ 在美国多数地方，女士和男士的握手规矩都差不多，但在有些地方，女士比男士先伸出手，这样一来，男方就知道，女士准许你去握她的手（这可能是男女社会地位不平等时代的遗风）。

礼仪是抵抗失败与孤独的珍贵保障。我活在这个世上的时间越长，就越是确认我能做到掌握更多的礼仪。事实上，任何人都可以拥有它。

基本的交谈原则

你自己可能也想到了一些很好的交谈原则，不管这些原则是什么，只要是管用的都可以运用。不过，如果你要稍稍调整一下你的技巧，请看看下面这些原则是否能引起你的共鸣。

❖ **和不认识的人开始谈话前几分钟要确定三个目标。**一是稍稍了解一下对方；二是跟对方说一些和你有关的事；三是找出你们之间的共同点。即使身处大都市，如果你和他人交谈五分钟，也一定能找出几个共同点来。正如礼仪小姐朱迪思·马丁所说的那样，**你得尽量搜寻"一个双方都有兴趣的话题"，可以提出一些温和的观点，直到某个观点吸引对方，然后再展开对话。**

❖ **令人满意的对话，其关键在于有来有往。**英国著名评论家雷蒙德·莫蒂默曾说过，在美国，谈话"不像打高尔夫球，而是像打网球，打高尔夫球只顾打自己的，打网球总是一来一去"。

要成为优秀的谈话者，"打网球"这个比喻对你的帮助再怎么形容也不为过。此外，怎样"不让球落地"是一门艺术，也是大多数对话的关键所在。

❖ 你可以在下面四个环节上相互转换，使得对话多样化，然后再重复这个循环，这四个环节是：评论；提问；提出自己了解到的情况；询问对方一些（不太私人的）问题。均衡地转换这四个环节，可以造就最完美的对话。

❖ 开始时，你可以询问对方的工作或兴趣，最好是主动提供一些有关你自己的信息。谈话时保持温和的语调，内容也不要谈得太深。当然，如果你找到了双方都有兴趣而且愿意深入交谈的话题，就可以深谈下去。当挖掘到了双方都能热情谈论的话题时，无异于挖到了流畅交谈的无价金矿。

交谈是一场游戏，你说完后该我说，然后再轮到你说，一个人讲完后换另一个人。

❖ 使用"你"这个字的频率应当比"我"这个字高很多，不过，这也并不意味着你完全不该提到"我"。在需要进行互动的对话中，你也得提供一些有关自己的信息，来回报对方提供的关于他的信息。如果你们在谈论某个主题，你要说出这个主题和你有什么关系，或者你为什么对它有兴趣，这样可以使交谈变得更深入。不过，**如果你在对话中使用"我"的频率比"你"的频率高得多，你会发现，对方的热情马上就会降低了。**

❖ 在一群人都参与的交谈中，要尽可能炒热对话的气氛，带动那些沉默寡言的人；同时，提一些话题，让那些没开口讲话的人能够接上话，并努力找出所有人都有兴趣的话题。

❖ 要表现出关心、友善、愉快、情绪高涨、温和有礼，以及尊重他人、心胸开阔的样子。的确，这些要求很高，但如果你想从谈话中获得收获，那么你不但要做到这些要求，还要做得更好一些。

❖ **和别人交谈时，让对方感到舒服、自在，关键在于良好的态度。一群人之中最让人感觉自在的是教养最好的人。**

如果你的表情做得到的话，面对一群人时，你要环顾每一个人，并且脸上始终保持愉快的神情。如果心情不好、闷闷不乐或者不高兴、不舒服，请把这些不好的情绪放在心里，以便通过接下来的考验。你情绪不好的样子不但不适合一般的交谈，对你个人确实也不会有任何好处，下次人们看到你可能会想绕着走开。

❖ 如果你很害羞或拘谨，最好的办法是去接近独自站在一旁，看起来很想跟你讲话但又太过含蓄而不敢开口的人。美国知名脱口秀主持人拉里·金曾说过："正在跟你讲话的那个人也许和你一样害羞，其实，我们大多数人都是这样的。"无论在什么场合，可能都有一些人跟你一样放不开，不管怎样，你要去找这些人聊聊。但是，即使这样做令你自己感觉确实自在了一些，也不要在任何一个人的身上花太长时间，在社交场合或者商业场合，不适合两个人聊得来劲儿而漠视其他人的存在，而是应该对所有人都热情、友好。

我始终认为，在谈话的时候，就算当时的环境或氛围是在谈论一个好得不得了的话题，但仍然要和新来的客人从老生常谈的话题——打招呼、寒暄——开始聊起，直至他们适应了这个场合的气氛为止。

❖ 不要在吃东西或喝饮料的时候说话。除非你真的很饿或很渴，或者除非你特别擅长边吃东西边讲话，那也要只喝点儿矿泉水或酸橙汁（万一你讲话时不小心把饮料洒了出来，也没太大的关系）。

❖ 不要害怕自己对某个主题完全一无所知，也不要害怕说出"我不知道""我对这不熟悉"或"我从不知道这件事"。美国幽默大师威尔·罗杰斯曾说，每个人都很无知，只是面对的主题不同罢了。你肯定知道其他人不知道的事，谈话并不是在比赛，你并不是身处险境。老实说出你不知道的事情，然后向对方求教，对方会喜欢你的诚实。

❖ 关于运用细节、精确的描述和生动的名词。作家琼·艾肯提到她女儿在杂志上看到一篇文章，文中的主角这样描述："我们进到城堡，主人拿出酒和小蛋糕来招待我们。"她的女儿放下杂志大叫："如果她没跟你讲清楚是什么样的小蛋糕，那么，写这段话有什么意义？"所以，尽可能说明是怎样的小蛋糕吧。

❖ 除非你在谈生意，否则在一般的谈话场合不要使用术语、多音节的字及行话。

❖ **要让对方觉得跟你志趣相投，很聊得来**。对那些认同我们的人，我们也会觉得很亲切。你不一定要违背自己的原则，但是，如果你在谈话中试探得十分仔细，就可以找出双方都愿意聊的话题来。

情况允许时，你可用一些表达亲切感的简短措辞，来点缀你的谈话内容，例如："我也喜欢""我一直这么认为""我完全同意""我也对这个很着迷""我可以体会你的热情""那正是我的想法"。记住，说"我跟你一样"比说"你跟我一样"更容易讨人喜欢。

在把握双方的共同点时，请注意不要抢了对方的话。等他讲完了自己的经历之后，再讲你曾到国家公园的探险之旅（见第8章"我也一样"的问题）。

甚至，你可以让自己的讲话节拍及音量和对方一致，这更会让他们觉得你跟他们很协调。当然，这与骗子矫揉造作的说话方式有所不同。如果你正开车带着一位朋友，你想看路边的风景，可以把车速慢下来，但如果对方约会快迟到了，可以开快一点儿。换句话说，你得给予人方便，对待谈话的对象也是如此。

❖ **刚开始交谈时，从浅显的东西开始聊**。面对你不太认识的人，只要谈些粗浅的话题即可——不用再进一步钻研，也不用跟他们谈哲学、神学、西班牙14世纪的情人角色或解构主义如何影响大学校园等十分冷僻的话题。除非有人聊起了这些话题，同时，聚会里的每个人都很想聊聊，如果是这样的话，你会从这样的交谈中获得很多乐趣。

不要以为你一定得在谈话中讲一些令人震惊的独一无二的事情，或者是一些很深奥的至理名言。日常生活中的主题历来就容易被人们接受，关键在于确定每个人都能参与且都感兴趣。

千万不要为了引发讨论而故意唱反调，成为"魔鬼代言人"。这样做经常会使交谈气氛变得紧张，充满火药味。在社交活动中没有必要分出胜负。如果你让一群陌生人感到自己很愚蠢，或者让他们在自己的朋友面前觉得难堪，那你是不会受到大家欢迎的。

眼神

如果你曾经和一个跟你谈话却一直在东张西望的家伙交谈过，那么你一定还记得那种感觉多么令人尴尬。当时，你一定很想有什么办法进入他的视线范围。**如果你对于眼神的接触感到不习惯，可以先找家人、朋友做练习，直到你在和人谈话的时候至少一半的时间能够接触对方的眼神为止。这是一个很重要的商业及社交技巧。**那些不敢和我们眼睛对视的人，可能暗示着他有过邪恶的行为，或者性格上有什么弱点，也可能是神秘的个人行为。

最好的眼神接触直接而不锐利，你可以不时地把眼睛移开，或至少是高过对方的肩膀，如此一来，你才不会表现得像在努力记住他们的模样。直勾勾地盯着看的眼神会让对方不自在；看着对方的整张脸，而不要只盯着他们的眼睛，也是很有帮助的眼神接触方法。

在电影的特写镜头中，你可能会注意到，恋爱中人会首先看着爱人的一只眼睛，然后再看另一只眼睛，这样的拍摄方法能让我们对这一幕剧情更感兴趣。不过，在现实生活中，这也是很有帮助的做法，因为它会让你对对方的反应产生特别的感受。

触碰

有些人也许极力建议你用身体去触碰正在和你谈话的人。有位专家十分建议这么做，她甚至说："如果你真的没办法让自己触碰对方，那么，至少要花心思传达这样的信息，通过你的脸部表情、声调及你说的话传达出你很想跟他有一些身体接触的意思。不过，如果你只会这么做，会让人觉得你很胆小。"

这是个人的意见，这里的建议是，除了握手以外，不要由于身体触碰到了某个不喜欢被触碰的人而生出尴尬，甚至惹出麻烦。而且，对很多人来说，无论是女生还是男生，没有获得允许的身体接触，极具侵略性。

一位企业的总裁曾说："认识新朋友时，我会握住他们的手，用我的另一只手臂紧紧抱住他们的肩膀，他们的反应是，有的人会很紧张，可能会倒退两步，也有的人可能放松下来，乐享这种拥抱，不过他们都不会忘记。"

交流

在商务聚会或社交聚会交谈中，一个心照不宣的原则是：你得在人与人或小团体与小团体之间走动。这样一来，至少就理论上来说，你在每个人身上花的时间不至于太多。

如果想要一对一地交谈，你可以再找个时间和对方喝咖啡或吃饭。但是，不要把某个人从一群人的聚会中当场单独拉出来跟你进一步交谈。

大多数人都很熟悉人际交往的戒律，因此，如果别人对你的暗示不为所动，你可以往后退一步，说句告别的话，然后赶快让自己离开。

交谈之后

与开启谈话相比，结束一场谈话简直是一件微不足道的事。不过，要结束谈话仍然有一些规律可循，任何人都不会一发觉结束交谈的时间到了，就直接抓起大衣匆匆离开。

结束交谈

当谈话者意识到该换一换谈话对象的时候，大多数的谈话都能优雅、得体且自然地结束。

但是，如果有的人没有意识到谈话该结束了，还在拉着你谈，这时你得自我解套。大大咧咧地向朋友发出求救信号是不受欢迎的方法，转动眼珠子或者粗鲁地对待滔滔不绝的对方也是极为不好的方式。对方是受邀前来，而且很明确地对你们的话题感兴趣，因此你不该冒犯他。

可是，该怎么结束对话呢？一种很保险的方法是：一直让你杯子中的饮料保持在四分之一满的位置，这样你才有机会找借口去添点儿饮料。

当然，你还可以打断你自己的话，而不是打断对方的话：

"我们的新产品线刚要开始运转，等到……噢！糟糕！我十分钟前就该到另一个地方去了，对不起！"

或者，你可以试试以下说辞：

"对不起，我得问苏妮亚一个问题，我怕过一会儿忘了这事。我能先离开吗？"

"在我们离开之前，让我介绍一位朋友给你认识。"

"对了，你知道洗手间在哪儿吗？"

"请问现在几点了？噢！不，对不起，我得去打个电话。"

"你有没有跟葛瑞说你的计划？我想她会很有兴趣。"

"艾玛（叫住某个经过你身边的人），你有没有看到史都华？"

"对不起，我得喝点儿东西，我想我快感冒了。"

"请代我向你家人问好，好吗？"

"祝你这个计划一切顺利，我会关注相关新闻。"

"要不要去拿点儿东西吃？"

"我介绍苏瑞希给你认识，我们一块儿去跟他打招呼吧。"

"我不想一直占着你的时间在这儿聊天，所以，你可以去认识其他人。"

"我想去问帕梅拉有关她演讲的问题，要不要一块儿去？"

"我都还没跟我们的主人打招呼呢——能原谅我先行告退吗？"

"希望有机会我们可以合作生意，这是我的名片。"

"我星期一会打电话给你，希望你喜欢接下来的会议内容。"

"那么，下星期的会议上见了。"

"对不起，我刚想起一件事。"

"对不起，我现在得去吃药了。"

"我现在该去门口迎接别人了，我是不是能告退？"

"哦，莎史宾医师要走了，我得去找她——我能先离开吗？"

"我看到迪伦·钱斯坦了，可以介绍你认识他吗？"

"我看到一张新面孔，我想去认识一下，你要不要一起来？"

"我真不该绊住你，我知道还有其他人也想跟你说话。"

"我想我们最好去跟别人交流一下。"

"我想吉姆是在暗示我该离开了。"

"很高兴跟你聊天。"（然后就往后退）

"跟你聊天很愉快，也许以后还见得到你。"

"我一直拉着你不放，你一定很想跟别的人聊聊。"

"很高兴跟你聊天，也许改天会碰面。"

"很高兴认识你，如果我找到更多跟贸易展相关的资料就打电话联系你。"

"我想去问演讲者一个问题，你要不要一起去？"

"我要去跟部门里那个新人说会儿话。"

"我希望今天下午能认识一些潜在的客户，我可能得开始忙了。"

（握手）"很高兴认识你！"

"那些餐点看起来好特别，我们要不要去看看还有些什么？"

"这些蘑菇真好吃，我要再去拿第二盘。"

"我们俩这样聊天真好，不过我们也许不该忽略其他人。"

"我想起来，我现在要打个电话。"

"能不能失陪一下？我得去趟洗手间。"

"可以失陪一下吗？我刚看到一位好久没见的朋友。"

说"再见"

莎士比亚曾说："别讲究你离开的规矩，马上走就是了。"

在小型或者关系亲密的团体里，你需要跟人们一个一个地告别，但在大型的社交或商务聚会中，这么做不但不切实际，也不恰当。不过，你也许可以在事后写封简短的感谢函给每个人。

向主人告辞的时候，只需要简短、衷心地跟他说"谢谢"。商务聚会上可能没有主人，你可以找主办单位，告诉他们活动办得有多么成功。在许多大型聚会里，除了向和你聊天的朋友或者刚认识的人说"再见"，可以不用跟其他人道别就直接离开。

当晚会结束之后，主人最想听到的话是："谢谢你让我享受这一段美好的时光！"以及"再会。"

如果你是被某人特别邀请的人，那么一定要特地去谢谢他邀请你。

在回家的路上，你要庆幸自己比几小时前更懂得与人交谈了。如果你必须记住自己有所失礼的地方，那就赶快记下来，避免重蹈覆辙。不过，也别老想着这些事放不开，要记住的是那些对你微笑的面孔以及喜欢跟你聊天的人。

第2章
话里的欣赏

人家恭维我，我还没觉得厌烦过。——王尔德

听别人夸我们有多特别、有多棒，永远都令人心情愉快。

欣赏是可以加入交谈的最有效的要素。在每次聊天中，至少要说出一句欣赏的话。如果你已经掌握了这种方法，那么本章提供的一些技巧、有用的句子，还有该做以及不该做的事，对你应当也大有裨益。

无论是在商业场合还是社交场合，在任何交谈中讲些讨人喜欢的话就能引人注意，并在事后能被对方记住。由衷地欣赏对方所讲的话、所做的事或曾做过的事，并且培养这种技巧，你会发现，你将成为每次聚会中最受欢迎的人物。

表达欣赏

首先要培养一个习惯，那就是留意他人值得欣赏之处。如果你和对方共事，可能已经知道对方一些值得赞赏的地方，比方说：

"你的报告写得真详细。""我发现你的销售业绩一个月比一个月好。""我真的喜欢新的电话系统。"

你可能欣赏某些人，但从没想过要告诉他们。无论是在公司还是在家里，让人们知道你对他们的好感，可以让交谈的趣味性及影响力成倍地增长。

优秀的领导重视员工的价值及意见，而且花时间让员工知道他们很重要。赞美人并不费时间，平均只要六秒钟。

对于在社交场合上认识的人，你可以这样表达你的欣赏："我不久前开车经过你家，发现你家的花园整理得真漂亮。"或是"我真佩服你每个周末都挤时间到慈善中心当志愿者。"

对于你不认识的人，你得认真听他们说话，然后从话中寻找或制造机会，表示你认为他们很优秀。

不要不好意思表达赞美，我们的文化更多地鼓励人们说戏谑、轻蔑的话，而不太鼓励说正面或赞美的话。但是，只要是发自内心的赞美，往往会令人高兴。

不用等到伟大的事情发生才表达欣赏："恭喜你得到诺贝尔奖！"人们从伟大的事情中所获得的正面回馈已经够多了，我们真正高兴的应当是做好了生活中的某些点滴小事，便能得到别人的欣赏。例如，你可以就类似的小事赞美别人一番："我很欣赏你贴在布告栏上的漫画，我早上都会在那儿驻足观看，而且看得直发笑。"

一开始，你也许觉得赞美很虚，可能没有轻易赞美别人的习惯。不过，如果你经常表扬别人，而且你觉得"表扬别人"已经成为你的风格，很快，它就真的会成为你的风格了。

当你找不到对方可以赞美的事情时，或许可以给他们的未来增添点儿信心和希望。例如："我们正在期待，将来你可以干得很出色。""我看得出来，你一定能成为我们需要的人。""能认识你一定很棒。"

人人都喜欢赞美之词。没有什么事比偶尔赞美别人更值得做的了。当你告诉某人他很可爱时，他就会变得更可爱。

八卦是指对方跟你聊别人，无聊是指对方跟你聊他自己，而会聊天的人则跟你聊你自己。

令人印象深刻的欣赏

❖ **简短**

如果你一直不断地赞美，很可能会听起来既腻味又矫情。

❖ **真诚**

如果杜撰一些值得赞赏的事，多多少少都会被人发现。如果你是真心诚意的，就认真聆听对方说话，挖掘出让他们引以为豪的事，这正是你可以表示欣赏之意的地方。通过练习，你将会找到值得你衷心赞美的事情来。要真诚地为对方的成就感到高兴，这种态度会通过你的言辞而发光发亮，带来巨大的成效。英国随笔作家威廉·哈兹里特曾写道："取悦他人的艺术在于真心欢喜。"如果你培养为他人的成就而感到高兴的习惯，那么只在顷刻之间你便会拥有成功的职场与社交生活。

❖ **独特**

"你真棒"太普通了，不如下面的几句那么完整和有意义。

"最近来的新人很优秀，你真会选人！"

"你上次主持的会议我觉得是我这几个月来参加过的最高效的会议了，真希望下一场也由你主持。"

"大厅的新地毯太漂亮了。"

美国心理学家、教育家威廉·詹姆斯曾说："人性最深处的本能是渴望得到他人的赏识。"

❖ **正向措辞**

要用肯定而非否定的词句，比如，你要说："你做的事真令人印象深刻！"而不是说："我真不敢相信你做到了！"

❖ **让对方觉得自己很重要**

如果你记得别人的某项成就，单是这一件事就足以让他们觉得自己很重要了。不过，如果你发现对方还有其他值得自豪的事，然后提及这件事，那么他们离开时就会对他们自己和你都产生好感。

❖ **传达赞美**

你转达别人所说的赞美之词时，令人印象非常深刻。例如："珍妮跟我说，她在你那里买了一个雕花的大衣柜，她说她从没见过那么精致的柜子。"

❖ **在工作场合称赞**

称赞在工作场合格外有用，如果你希望人们能尽全力为你做事，那么当他们已经尽力做到最好的时候，你一定要表示你的欣赏。当他们的事情做得"很不错""好很多"时，你也可以像他们做得"最好"那样，说些鼓励的话。

❖ **告诉别人他们做得很好**

称赞别人的家、家具、衣服及宠物，一直以来都很受人欢迎。不过，人们真正记得的是别人对他们哪件事做了很好的评价。比如："你在招待别人的时候，总是让人觉得自己很受欢迎，备受宠爱。""身为前台人员你做得很好，让来访的客人对公司产生了很好的第一印象。"

❖ **用褒义词**

多使用"佩服""欣赏"这类动词，以及"见多识广""令人难忘""有影响力""卓越""满意""出色""好极了""可贵的"这样的形容词。

表示欣赏的言辞就像这样：

"你赢得这个客户的方式让我们每个人都深受启发。"

"请允许我再次向你表达敬意。"

"我真佩服你可以从这场事故中恢复过来，听说你在物理治疗的时候非常难受，但你却坚强地挺过来了。"

"我真佩服你能够这么漂亮地处理文书档案系统，这么多年来，我们一直没有这样归整过。"

"你真的带来了改变，你做的志愿者工作让我印象太深刻了。"

"我一直观察，发现你的办公室设计得很漂亮，我梦想我的办公室也是那样的，但好像就是做不到。"

"没有你的帮忙，我真不知道该怎么办。"

"你对公司的热线电话流程进行了简化，我特别喜欢。"

"我喜欢你这个想法！"

"真高兴你今晚能抽空前来。"

"我前几天开车经过你的玫瑰园，说句心里话，真的太美了！"

"我在报纸上看到你的文章，好高兴，你说出了我心里的话，我啊，就是没办法像你表达得那么好。"

"我知道你又蝉联了募捐委员会主席，我们真幸运！"

"打电话参与广播节目一定需要很大的勇气，我早就希望有人去给电台提一提意见，别在那儿瞎说了。"

"真的很高兴和你聊天。"

"我想跟你说，我很欣赏你在小区推广的资源回收方案。"

"有人跟我说，你的专题研讨会是我们举办过的研讨会中最棒的。"

"哇，你是不是把所有的植物都移栽到院子里了？院子看起来真是漂亮多了！"

"我们对你做的事都很满意。"

"你的观点真是一针见血！我从没那样想过。"

"只有你知道在紧要关头该说些什么。"

"你一直豁达开朗——要是没有你，办公室真的会变得死气沉沉。"

"街坊邻居都在谈论你的决心，我们都很感激你下决心改造好了这条小路。"

"你真的知道如何让人感动，谢谢你注意到我的作品。"

"你的家有一种舒适、实用、雅致的感觉。"

"自从母亲过世后，你的体贴一直陪伴着我，再次谢谢你。"

"你把橱窗展示得那么漂亮，路过的人一定会打电话到店里来大加赞美！"

"你那篇关于政府伦理立法的作品真令人钦佩，这些年来，我一直在苦苦寻找像你这样能够将技术与能力完美结合的人。"

"你对我女儿的生活做出了无法替代的贡献。"

"这次你真的遇到了挑战，不过，看起来你处理得很好。"

"你很努力做这本小册子，真的做得很棒。"

适得其反的欣赏

❖ 露骨地拍马屁

夸张或明显的吹捧："你真是全世界最棒的助理！"

"你来了，我们的CEO日子就不好过了，她一定担心她的位子被你抢了去。"

"你是我们教会有史以来最棒的牧师。"

类似这样的话让人不自在，而且会适得其反，倒不如说些简单且具体的赞美，比如："我无法形容我有多高兴，无论我给你交代什么任务，你总能高质量、迅速地完成。""你好久没来了，但我已经听说，每当我们需要搞一次快速文献搜索的时候，他们都会找你。""你今天早上的布道十分鼓舞人心，发人深省。"

不要情溢乎辞，当你的观点没有诚意时，人们会感觉得出来。请使用让人感觉真诚、自己觉得自在的语言来称赞别人。

❖ 归功于运气

比如说："想得到那个标语真不简单，实在太幸运了！""我听说你终于幸运地拿到那项专利了。"虽然运气与时机的确在成功中扮演重要角色，但是将一个人的成功归功于运气而不归功于他的努力，并不是礼貌的行为，或者就是太实话实说了。

❖ 笼统不具体

例如说："嘿，日历做得不错！""画得很好！""你是最棒的！"人们宁可听到具体的内容，比如："这样的照片日历让人真的想保存下来，很棒！""你的画把我带回在法国布列塔尼半岛的那个夏天，它唤起我的记忆，但依然给我留出了足够的回想空间。""你的计划融合了每个人付出的心血，做得非常得体，而且富有成效。"准确地说明你为什么喜欢某个人的作品，难度更高了一筹，但会获得很大的回报，他们下次付出的辛劳和汗水会更加值得你称赞。

❖ 光称赞人，而不是称赞他的行为或功绩

称赞这个人，而不是称赞他的行为或功绩。例如："你真是个了不起的钢琴家！""你是个十分了得的主人！""你是一流的经理人。"

不要像上面这样称赞别人，而是应该说："你最后演奏的那首曲子很动人，我几乎都可以感觉到海浪奔涌而来。""你总能让我感到宾至如归，我很高兴能够获得你的邀请来做客！""你们部门里的人对你那是一片称赞，显然，你很好地平衡了领导艺术与员工的期待。"

如果你称赞某人是技艺高超的厨师，他也许不会认同，因为他

知道比他优秀的厨师大有人在。但如果你告诉他，他做的肉馅马铃薯派你一天吃三顿都不腻，那么他就可能注意你说的这个重点了。优秀的厨师可能不是他，但马铃薯派做得好吃，优秀的厨师可能都难以做到。因此，他们会接受这个赞美，然后下次为你做出更美味的东西。

❖ **要人领情**

如果你的话听起来像在评论、判决或给某人打分数，那么会让人感觉不是真正的赞美。例如："哇，看看你！一看就是学习成绩非常优异的人。""你真仁慈，一定会捐钱给那个无家可归的女士。""你自己出钱买车？太厉害了。"

接受赞美与赏识

接受赏识时，一定要表现得率真且高兴，表示你接受对方的称赞。你的目的在于延伸对方的赞美所带来的善意，表达出友好与愉悦。

赞美是别人赠予你的礼物，除非你想伤害赠予者，否则请不要随便对待，不予理会。

不要像鹦鹉那样模仿对方的赞美，做出反射般的回答。例如："我也喜欢你的衣服。""你的报告同样很精彩。""你也演奏得很出色。" 如果你确实有这种想法，加一点儿你自己的阐述："真不敢相信！我也正想跟你说一样的话！你的想法很好，而且……""我才正要提起你的报告，你抢先了一步。"

有太多人因为虚伪地谦虚，用否认的口吻响应别人的赞美。例如："噢，天啊，那根本没什么。""这报告我五分钟就搞定了，我不认为它很好。""这件旧夹克？我一天到晚都在穿。""谢谢，不过那真的没什么大不了的。""纯粹是狗屎运。"不接受赞美，就等于告诉对方他们根本不知道自己在讲什么。

如果你觉得接受这个赞美很勉强，至少再等对方说几句话，让对方赞美完了以后再说："你知道吗，没有这些工作人员我一定做不到。""是我妈妈给我买的，我妈妈眼光很好吧？"

响应赞美最巧妙的做法就是简单的一句："你人真好！"这句话不但回应了对方热诚的言语，事实上它本身就是句赞美。

回应赞美的话就像："你这么说真好。"

"嘿！你注意到了！谢谢！"

"你真体贴！"

"谢谢你的赞美。"

"很感激你的正面回应。"

"谢谢你的关心。"

"谢谢你注意到了。"

"很高兴听你这么说。"

"很高兴有好的结果。"

"很高兴你喜欢。"

"听你这么说，太让我高兴了。"

"这是个令人兴奋的项目。"

"我也听说了很多关于你的事，都是夸你噢！"

"谢谢。"

"谢谢你提起这件事。"

"谢谢，弗兰克对你的评价也很高。"

"你能这么说真是太好了。"

"你还记得！"

"你有兴趣真是太好了，谢谢！"

第3章
如何有效倾听

研究不断指出，在人际关系与职场发展中，不养成用心聆听的习惯是通往成功之路最常见的绊脚石。

"听"这个字可能我们大多数人都把它想得过于理所当然了。然而，它在字典上的定义也许会让我们大感意外。**在美国传统的英语字典中，"听"的意思是"留神听某件事"以及"注意、留心"。如果你想成为优秀的聊天者，那么请记住，听，不仅仅是让对方说话，而且是必须集中注意力、费神留心地聆听。**

聆听是主动的行为，而不是被动的，它包含用耳朵去听、用头脑去理解和记忆。

出色的聆听者一定会参与到对话中来，提出自己的想法与问题，让交谈流畅地进行。你说的话必须留够空间来增加新的内容，但又不会抢对方的风头。流畅的对话是一种保持平衡的活动，像跷跷板一样，有来有往。

著名的英国评论家雷蒙德·莫蒂默曾指出：在美国，"聊天"不像打网球，而是像打高尔夫，前者会和对方一来一往，后者则只顾打自己的。

同样的意思，在聊天的时候，你不能像打高尔夫球那样，只顾聊自己的，同时也不能让对方像打高尔夫球那样，只顾聊他自己的。聆听，就好比打网球，你必须和对方你来我往、相互配合，你们打的是同一个球，轮流挥拍。

仔细回想一些会议、研讨会、拜访朋友或其他对话的场合，你可能发现，如果每个人一开始就认真聆听的话，聊天的效率一定会很高，可以省下很多时间。想想，你有多少次在重复回答问题，或者复述某些信息，或者被重复告知某一事件？没有认真聆听，将浪费我们的时间与精力，更别说那个已跟我们说过这件事的人脸上流露出失望的神情了。

几乎任何一种事务都可以有不同的处理方式、不同的结果，就看你有没有在认真聆听。

会聆听的人

❖ 不分心。把注意力放在对方身上，不因为周围的事物、你自己的想法及担心的事而分心走神。

❖ 感兴趣。你不只是听听而已，还要表现出一副很感兴趣的样子。身子微微前倾，偶尔点点头，回应几声"嗯、哼"，以表示你正在聆听。

❖ 对方讲话时，你保持缄默是不够的，这并不代表真正的聆听。你得明显留意对方，偶尔问个问题，就他所讲的内容发表看法。善于聆听的人会引出对方最好的一面，会积极响应对方，眼睛偶尔由于兴趣盎然、内心高兴而发亮。善于聆听的人一刻也不会让自己的注意力分散。任何人都会去听，但聆听要用大脑。

我不认同"谈话的艺术就是当个好听众"这种理论与建议，这会导致人们彼此怀疑对方的真诚，充满了虚伪；当谈话变成了唱独角戏，伴随着探人隐私的问题时，它就不再是谈话了，而是变成勉强操弄的游戏，令人疲倦，甚至无趣。

❖ 人际关系大师卡耐基曾建议大家："自己要有趣，也要对他人感兴趣。"因此，聆听时要从对方的话里尽量找出一些真正吸引你的东西。

❖ 你得做出并且保持与对方四目交接，偶尔把眼光移开，这样对方才不会觉得自己好像被你放在显微镜下仔细观察。

❖ 巧妙地响应对方的动作。当他们微笑、皱眉、点头及发出笑声时，你也照做。

❖ 问些贴切的问题，表明你跟上了对方的思维。

❖ **用心聆听，不只是听对方说什么，还要理解对方的话。意思是说你同时要问些可以弄清事实的问题。所谓对话，就是要有来有往，因此你必须就你们交谈的话题加进自己的想法，试试下列的句子：**

"同样的意思，你是说……"

"我听得对不对？你是认为……"

"你知道你的竞争对手准备要做什么吗？"

"能举个例子吗？"

"你能再回来说一下这个快递生意吗？"

"你看到昨天的报纸专栏提到过这件事吗？"

"从你的观点看来，这是在喝酒狂欢？"

"嗯，但是如果每次都这样的话……"

"你是如何做到的？"

"你觉得这条生产线的新产品如何？"

"你是怎么做到用单手抛鱼钩的？"

"我可以理解为什么这对你很重要。"

"如果我理解得没错，你是认为……"

"上星期一我看过一篇相关的文章，但我还是不懂它为什么比原来的好。"

"我了解你的意思，不过这每次都能奏效吗？"

"我想我知道你的意思，不过请继续说。"

"我看到这个最新产品时，就想到了你。"

"换句话说……"

"我一直想问，这是怎么做到的？"

"让我猜猜看你从哪里来。"

"这很有趣，请再多说一点儿吧。"

"另一方面，如果没有人出席呢？"

"哇，你可能对新设立的小公司很有兴趣。"

"所以，基本上，你认为……"

"那么，你认为接下来会发生什么事？"

"这个观点很新颖。"

"所以，你是说任何乙烯化合物都会有那样的反应吗？"

"所以，你是建议……"

"再多谈一点儿你此前提到的银矿。"

"对你家人来说，那一年一定很难熬。"

"所以，你的意思是……"

"不管你怎么想，那都是很高的成就。"

"等等，什么是'理有龙'（译者注：linuron，一种除草剂）？"

"嗯，不过，要是……这会有什么损失？"

"你说'很快'是什么意思？"

"你为什么会投入这个领域？"

"接下来发生了什么？"

"你提到的瑕疵是指什么？"

"你可以复制那些成果吗？"

"你刚提到黄豆蜡烛，我记得几年前你在一个学校募捐活动中也用过它们。"

"你提到爵士乐时讲了哪些艺人？"

"我可以从哪里找到更多相关的信息？"

"我可以参加吗？"

"你可以再做一次吗？"

"看起来你很提倡这件事！"

"你对这件事真的很认真，不是吗？"

❖ 重复或归纳对方的重点，注意不是像鹦鹉学舌一样，而是以自己的话来复述。

❖ 在对方讲完话后，留一点儿停顿的时间，以便他们还有话要补充，有太多聆听者都冒失地赶在第一时间插进自己的言论。

❖ 在聊天中适时提一提此前所讲的内容，表示你听进了他们所讲的。

❖ 要有耐心。如果对方在寻找合适的字眼或者讲话吞吞吐吐、犹豫不决，那么要给他们整理思绪的时间。

❖ 要有同理心，把自己融入说话者的情境，设身处地体会他们的感受。

❖ 最重要的是，必须培养愿意聆听的态度，你越是善于聆听，就越能体会它所带来的好处，最后就会真的想要聆听。不过，一开始，你要假装自己很想聆听，你的专注力就会表现出来。

不会聆听的人

❖ 注意力飘走了，飘到了家里或工作的问题上，抓不住对方的头绪。

❖ 忙着想接下来要说什么，等着轮到自己说话。

❖ 几乎不看对方的眼睛。

❖ 不自主地表现出无聊的样子：看表，脚动来动去，环顾四周。

❖ 一有机会就死死抓住话题不放，甚至打断对方的话，更喜欢讲话，不愿意聆听。

这不是很无聊吗？人们总是想把他们的事告诉你，而不是想听你的事。我想这就是精神病学家比朋友还要好的原因；前者是收钱的聆听者，他们绝不会讲自己的经验来打断你。

❖ 不断在替对方把话说完，这很无礼、自大、招人烦。最真诚的奉承方式可能是聆听，而不是模仿。人们认为善于聆听的人也是善于聊天的人。

❖ 真的对别人的话题没兴趣，因此改变话题。

❖ 问了太多问题，让对方觉得很困扰，像被拷问般喘不过气来。而且你的很多问题太拘泥于细节，真的一点儿都不重要。

❖ **忙着打量对方。只注意他刚说了"你跟我之间"就一直打量对方：他的裤子破了，他的声音高得吓人，他感觉不像是最牛的。对方往往可以察觉出这种负面的态度，他们不确定发生了什么事，但以后可能不会想花太多时间跟你讲话。**

❖ 总想着要胜过对方，如果他们说看了一本好书，你非说你看了两本；如果他们去看一场职业足球赛，你非得说你有长期季票，场场都能看。

❖ 边听边干活儿。如果别人跟你讲话时你在办公室里，同时还有其他事在忙，你觉得自己可以同时做这两件事，于是一边讲话一边把文件归档，把文件堆起来，把计算机关机。

❖ 催促对方，让他们觉得他们占用你太多时间。例如：你会跟对方说："是的，你刚才已经提过了，所以你最后的结论是什么？"

❖ 你完全保持沉默。你以为聆听就是要闭嘴不开口，对方这时反而会很高兴听到你说出一两句话。

第4章
对话的操控

　　人们讨厌交谈时冷场，立即打破冷场是交谈的基本功能之一。在我们的生活中，打破冷场的无意义对话同有意义的对话一样重要。

让对话继续

　　不知你注意到没有，在很多聊天的场合，你需要时不时地用一些"空"的词或句子，其作用有三个：一是让对方知道你在专心听；二是给对方以鼓励，以便让他继续说下去；三是利用别人留给你的谈话停顿时间。

　　虽然有时沉默很有用，但如果在你准备谈话的过程中，事先积攒一些填补对话空白的句子，那会很有帮助。人们通常不会太注意这种微不足道、缓和气氛的句子，因此你不必把这些句子说得像你在回答问题时那么长。

　　穿插一些比较独立的短句来保持对话节奏，可以让对方知道你感兴趣、很投入。

　　别担心这些字眼或句子很虚、很造作，其实它们就像电影配乐一样，你简短的一句话在不干扰对方的情况下成了对方讲话的美妙背景声音。这种应答是当今人际关系文化中相当合乎常规的一部分，这样才能显示出对话你来我往的本质。

不过，倘若你每次都使用相同的字眼或句子："真可怕！""噢，是啊，真可怕！""哇，真可怕！"这种千篇一律的词句可能令人厌烦。

因此，你得变换语句、降低音调，别让你的回答显得突兀和造作。

你可能已经在使用这样的句子，不过也许还想再搜集一些新的句子。你可以选择那些符合你个性，还可以真诚说出来的句子。为了表示你正在认真地听，你可以说：

"一定是！""啊哈！""很好！""真神奇！""既然这样，那么……""然后……？""你是说真的吗？""真可怕！""真讨厌！""比方说……？""咦？""真遗憾！""真糟糕。""真是不敢相信。""嗯。""真有意思。""我同意。""我都不知道。""我从没那样想过。""我真不敢相信！""我在听。""我敢说你对这件事一定很兴奋。""哎呀。""真难以置信。""我了解。""我可以理解。""我了解你的意思。""这不是很了不起吗！""我说的是真的！""不，真的吗？""哦？""噢，天啊。""真的？""没错。""你说真的？""当然！""那很合理。""那一定很难。""这个想法真好。""这种做法真新鲜。""真了不起！"（竖起大拇指）"太可惜了！""嗯，谁知道？""了不起的成就！""你怎么都知道！""哇！""是的，是的。""你敢肯定？""你说对了！""你一定是在开玩笑。""你说得对极了。""你不是这个意思吧！""你是说……""你在开玩笑！"

若要鼓励对方继续说下夫，可以说：

"然后呢？""接下来呢？""可以再多说一点儿吗？""继

续说，这很棒。""能举个例子吗？""真的是这样吗？""你是说……？""比方说？""继续说。""真有趣。""我想再多知道一点儿。""我从没这么想过。""我知道的很少。""我喜欢你说的这件事。""有没有不利之处？""很难相信。""真希望很久以前就知道这件事。""继续说，这是很有用的信息。""不，不，继续说。""不会吧，真的吗？""所以接下来……""再多说一点儿。""你一定很难受。""这个观点很新。""对我来说是个新闻。""这是我头一次弄明白，请说下去。""不尽然！""哦？""真是令人震惊。""你那样说是什么意思？""你碰到了什么问题？""你说对了！""你的意思是……""你的意思是说……""你说的是……""你真的很有研究，不是吗？"

如果要利用别人留给你"完成"对话的停顿时间，可以说：

"太神奇了。""好极了！""真遗憾！""说得好。""我同意。""我不知道这件事。""我在听。""哎呀。""我了解。""我知道你的意思。""生命真有意思。""不会吧，真的吗？""当然！""噢，天啊。""噢，是的，一定是。""真的！""是的，是的。""肯定是这样。""那一定很疯狂。""真划算。""谁会相信！""哇。""你说得一点儿都没错。""你说得对极了。"

别让他唱独角戏

至于在你面前唱独角戏的人，不要对他们使用上述这些词和句子，那只会鼓励他们继续说下去。有些人不会被打断，万一他们的思绪被打断，他们会从头开始再讲一遍，就像在放录音带一样。你应该瞅准时机，巧妙、客气地让对方知道他们所说的内容没那么吸引你。有些人一爬上木马就会忘了要下来，所以我们必须协助他们下马。

如果你想引导对方结束交谈，或者至少能让你说说话，你可以这样试试：

（保持沉默，单调地说）"嗯。""我刚想起一件事，你一定会有兴趣。""我一听到……就想起你。""我一直想问你……""噢。"（冷淡地说）"真的。""哎呀，我前几天刚看过一篇相关的文章。"（微笑，发出含糊、不带感情的嘀咕声）"这让我想到……""这个论点很好，不过你知道我怎么想吗？"（明显地耐着性子）"嗯、哼。""嗯，相当精彩。""嗯，你懂得真多！""对啊，嗯，真时髦。""你一定很高兴终于结束了。"

作家亨利·哈斯金斯曾建议："当对方坚定地点着头却什么话也没说时，你就该闭嘴了。"如果你也是这样的话，这倒是一个很棒的策略，一边点点头，一边保持沉默，大多数人都会理解你的暗示。

不管怎样，一定要注意技巧。如果站在对面的是你的一位朋友、同事，或受到正式邀请的客人，那么你不该表现得太过明显、太过无礼，正如北爱尔兰著名作家罗伯特·林德所说："一个人可以原谅很多过错，但无法轻易原谅有人明白地表示，他说的话既冗长又乏味。"

如果对方是骑上马后停不下来，你得采取更进一步的做法。

"现在几点了？不好意思，我得去打个电话。"

"对不起，我得去摘隐形眼镜了。"

"我不该独占你的时间，祝你愉快。"

"我答应要帮茉莉拿点心，能先离开一会儿吗？"

"我的喉咙发炎了，得喝点儿东西，告辞一下。"

"很高兴跟你说话，我得走开了。"

"我妈妈一直告诉我，要融入群体，我最好还是听一下妈妈的话。"

"那道菜看起来真可口，我得趁它还没凉时去拿一盘。"

（更多"很高兴跟你说话，再见"的说法请参阅第1章。）

第5章
问与答的智慧

当你知道怎样提适当的问题时，就可以跟任何人聊任何事了。

寂静有个高潮，就是当你说话的时候，一定要在听众不想听之前把话讲完。

问问题的冲动，是人类最为原始的欲望。问题是谈话的基本原料，它们让你了解对方，让对话持续，也让你表现出对他人谈话内容的兴趣。此外，问题让你有时间理清你不懂的地方，展现你的开阔胸襟与好奇心。

如果你生硬地表示"我不喜欢这个观点"，这样的态度可能引起对方的不满，但假如换成提问的方式，比如："你对这个观点有什么看法？"则可以激发思考、延续讨论，以及表达感谢对方的心意。

在问题中加点儿幽默，表示你并无冒犯之意，如果想避开问题，同样也可以用幽默来转移。

问题要么是可以引出复杂答案的开放性问题，要么就是通常会得到"是"或"不是"等单一字眼答案的封闭式问题。

开放式问题通常会以"谁（who）、何时（when）、什么（what）、为什么（why）、哪里（where）或如何（how）"等词（也是叙述的六要素，5W1H——译者注）开头，封闭式问题则通常是："你是不是……""你有没有……""你是……"或"你有……"**封闭式问题可以让你设法得到一些简单的信息，但往往会让对话停住。**

有些人会回答封闭式问题，然后乐此不疲地进行详细说明；但有些个性刻板的人则喜欢给出一个词的答案，比如说："不是。""完毕！""没了。""那又如何？"

你可以利用封闭式问题来加快你只想从中获取信息的对话节奏，巧妙地暗示你对谈话缺乏兴趣，甚至作为说"再见"的一种方式，例如："你会很快离开吗？"

下面的各组句子中，第一句是封闭式的，第二句则是开放式的，你可以试着体验其微妙之处：

"你喜欢新办公室吗？"（喜欢/不喜欢）"你是怎样争取到更好的办公室的？"

"你会搬去西雅图吗？"（会/不会）"你觉得西雅图怎么样？"

"你喜欢巴黎吗？"（喜欢/不喜欢）"你最喜欢巴黎哪里？"

"那会很难学吗？"（会/不会）"我要怎么做才学得会？"

"你喜欢你的工作吗？"（喜欢/不喜欢）"你为什么对这个领域有兴趣？"

"你过得好不好？"（好/不好）"你要怎么改建你的房子？"

"这是个新流程吗？"（是/不是）"你可以说明一下吗？"

"你住在这个小区？"（是/不是）"你为什么住到这个

小区？"

"你喜欢看书吗？"（喜欢/不喜欢）"你最近看了什么书？"

"你喜欢这部电影吗？"（喜欢/不喜欢）"你为什么喜欢这部电影？"

"你打高尔夫球吗？"（打/不打）"你觉得高尔夫球怎么样？"

聊天中，如果轮到你问问题，而你又一时没有问题可问时，那就可以想一下对方刚刚最后提到的话题，然后接着问"谁（今年谁赢得比赛）、什么（你的老板在想什么）、何时（你的队伍接下来何时比赛）、哪里（我从哪里可以找到其中的一种），或者怎样（你是怎样发现的）"等问题。

回答问题（任何问题）的冲动就像"战斗还是逃跑"的反应机制一样理所当然。每个人（包括拒绝回答问题的少数几个人）对问题的注意力比对陈述句的注意力都要高一些。

为了不让聊天像是在采访，你可以用具有相同作用的陈述句来取代疑问句："告诉我你是怎样入这一行的。""解释一下你怎么做到的。""说一下你平常一天的生活。""请解释一下给我听。"

当问题被误用或者过度使用时，会让人觉得很烦。问太多问题，会让对方觉得被追着跑一样，而且口才不好的人往往把这个问题再踢到你这边来，于是，问题取代了思考、自我揭露以及真诚的交流。

大体上，无论是什么样的对话，问题与表述要保持平衡，如果全都是问题，或者全都是表述，都不是成功的交谈。

不要自问自答！有些人问了问题之后，马上又自己回答。

还有，如果你并不是真的想获得诚实的答案，就不要提问。比方："我该怎么办？""你对我在会议上的提议觉得如何？""我外出的时候，你可以照顾我的狗几天吗？"

不好的问题

❖ 带有审判或挑战意味的问题

"你会全部吃完吗？"

"你加入了那群环保论者的组织吗？"

"你不知道这是个错误吗？"

"你没看到警告标志吗？"

"你有没有想过会掉头发？"

"你向来说话都这么快吗？"

"你听不懂我刚说的意思？"

"你有没有想过要减肥？"

"你怎么能这么说？"

"我跟你说过多少次了？这样行不通。"

"全部就是这样吗？"

"你没有在用心吧？"

"你为什么要这么做？"

"你觉得会发生什么事？"

"不论你怎么想，我都要拿一个？"

"你想谁会付出代价？"

"你没做完不会离开吧？"

❖ 唐突的问题

"这些是植的头发吗？"

"你没干什么吧？"

"你最近有没有再瘦一点儿？"

"你有没有去除皱？"

"下个月的选举，你打算选谁？"

"这房子你花多少钱买的？"

"你今年的薪水涨了多少？"

"私底下说，你有没有吃过伟哥？"

"你这件衣服花多少钱买的？"

"你的鼻子是不是整过了？"

"你为什么没生小孩？"

❖ 问题太多

有些人喜欢一个接一个地问问题，跟机枪似的，让对方难以招架。通常，这种毫不退让的一连串问题仿佛是一种突然发作的痉挛，就好像这个人除了问问题之外，根本不知道怎么聊天，至于答案是什么，也不重要。

"你是说有两只兔子还是三只？"

"什么样的兔子？"

"为什么是兔子？"

"它们是什么颜色？"

"它们有注意到狐狸吗？"

"就这样，就是这个笑话？"

问出这类问题的人往往并不会很认真地听对方回答。如果你是这种类型的发问者，那么，试着更认真地去听对方的回答，这样可以减慢你的发问速度，也让对方了解你的问题确实有重点，而你也真的想知道答案。

❖ 太宽泛的问题

这种问题有时很受欢迎，但它的特点是问得太大，大而不当，很无聊，很难真正聊出丰富的话题来。

"你对贫穷有什么看法？"

"你相信宇宙大爆炸论吗？"

"你对全球气温上升有什么看法？"

"现在的小孩都怎么了？"

❖ **一上来就问为什么**

这种问题虽然往往相当不错，但可能有时会带有责问、挑衅的意味，或太私人了。"为什么"的问题让人们产生戒备心理，他们会觉得不得不解释他们的理由、动机及行为。如果你问："……发生了什么事？"而不是问："为什么……"对方就能以客观的态度来叙述事实。

正如你不该当个独白者一样，你也不该当个质问者，当天晚上的交谈结束后，并不会有个测验等着考你。美国女诗人莎拉·霍尔曾说："有些人有爱问问题的习惯，常常让那些口拙的人招架不住，没有什么事比被人质问更不爽了。"

"你为什么要去那样的地方？"

"你为什么不自己做？"

"你为什么不那么做？"

"你为什么不直接拿起电话来打？"

"你为什么那么做？"

"你为什么觉得那样行得通？"

"你为什么总是那么做？"

"你为什么需要那本书？"

"你到底为什么要先买下来？"

"你为什么那么问？"

"你为什么买两个？"

"你为什么做这种事？"

"你为什么认为我会说好？"

好问题

深谙聊天之道的人碰到新认识的人很快就变得兴奋起来，就像追踪调查市政预算的记者一样。

❖ **和对方刚刚说过的话有关的问题**

"他们有没有找出应该对此事负责的人？"

"你有没有回到那里？"

"她还在住院治疗吗？"

"为什么这次选举会是这种结果？"

"你会推荐他们吗？"

❖ **帮你找到共同点的问题**

"你住在附近吗？"

"你在这里工作很久了吗？"

"你怎么认识我们房东的？"

"你今晚怎么过来的？"

"你对这个主题的兴趣是什么？"

"你什么时候加入的？"

❖ **让对话继续下去的问题**

"这么说来，一台发电机就可以变这个戏法了？"

"然后……"

"你是说任何人都办得到？"

"可以举个例子吗？"

"你的意思是说她对所有小孩都提倡这件事？"

"你是怎么得出这个结论的？"

"所以最后谁赢了？"

"后来怎么了？"

"有什么副作用？"

❖ 导出复杂答案的问题

"你知道关于机场新的安全规范这件事吗？"

"我知道你的院子里有蜂鸟，你是怎么把它们引到你家的？"

"你为什么会来这座城市？你喜欢这里吗？"

"你儿子正考虑读哪所大学？"

"如果可以让你选，你最想居住在哪个地方？"

"你去过开罗，在那儿如何找到好旅馆？"

❖ 体贴的问题

"对不起我这样问你，不过……"

"如果你不介意的话，可不可以跟我说……我很想知道。"

"如果你不介意的话，我想问……"

"希望这问题不至于太隐私，不过……"

"你可以不回答，不过……"

❖ 中立的问题

"你知道我们的水费最近会上涨吗？"

"我看到你在赞美玫瑰，你是花匠吗？"

"公共图书馆周末开放吗？"

"嗯，你知道那是棵什么树吗？"

"我们下个月有客人要来，有好的旅馆可以推荐吗？"

❖ 具体的问题

"你这么认为吗？"以及"是这样吗？"并不算真正的问题。具体的问题是运用对方使用的字眼，然后以此为基础，好让对方知道你对他们的话题很感兴趣。如果你们在谈论装修，那就问些具体的问题：

"你知不知道有关装修的好书？"

"你觉得装修要花多长时间？"

"你使用什么样的石材？"

"你的石材从哪儿买的？"

"你需要帮手吗，还是一个人可以搞定？"

如果你对对方的话题感兴趣，自然会想到这类问题。如果你没兴趣，但想让对话继续，那就得费心准备问些具体的问题。一般来说，具体的问题大概是这样的："我同意你说的散步的好处，不过你认为一星期走了三次，一次走20分钟，够不够？"或者你可以问一些你已经知道答案的问题，这是比较安全的提问。

"我对贵公司不了解，你能介绍一下吗？"

"我知道你为几部电视剧写过剧本并创作配乐，你是怎么获得灵感的？"

"我一直想问你是如何卖掉第一幅画的。"

"你对混合动力车有什么看法？"

"你想接下来会发生什么事？"

"如果儿童节目禁止播放电视广告，你怎么看？"

不愿答复的问题

你没有义务要回答别人的问题，如果有人问你带有侵略性、唐突或粗鲁的问题，除了保持沉默，你还可以试试其他的回答方式：

"能告诉我为什么你会这么问吗？"

"你需要知道吗？"

"对不起，但这是我个人的事。"

"我们花多少钱买栋房子？不少。"

"我真的不想谈。"

"我不确定你的意思。"

"对不起，你是问我是不是……"

"对不起，我不透露这种信息。"

"哎哟！"

（保持沉默）

"你是指什么？"

"为什么这么问？"

"你为什么想知道？"

"可以再说一次吗？"

"我从不谈论'哪个月份有r字母，或哪个月份没有'这种话题。"

"可不可以换个话题？"

"我的薪水？大概跟你想的差不多。"

"只有我的发型师可以确定。"

"这是很个人的事，不是吗？"

"人们通常不会问这种问题，我是第一次听到。"

"你问这个问题吓我一跳。"

美国记者朱迪思·马丁曾说："我一直觉得很纳闷，因为我们记者对人们提问、进行了采访，人们就觉得他们有义务而且必须回答问题，无论这些问题有多么令人讨厌或者危险。当然，如果人们不回答，我们当记者的就没工作了。"

第6章
你会讲笑话吗?

　　通常说来,在任何商业或社交聚会中,只要聚在一起聊天的人超过两人,就不要讲笑话了。如果只有你和你最好的朋友两个人,那就随便啦。

　　喜欢别人的笑话是件很难的事。什么才好笑?直截了当的答案是:"天晓得。"能让某个听众爆发出笑声的笑话也许让另一个人一头雾水,根本不知道有什么好笑的地方。

什么时候适合讲笑话?

　　有统计数字表明,一般公认的是:深谙讲笑话的时机,而且能够讲出适当的笑话并能把笑话讲得简洁有趣的人,其实并不多。因此,你也很可能讲不好笑话。

　　你也许很爱开玩笑,肚子里装了很多笑话,不过,讲笑话要看场合。休息时间、和家人共进晚餐的时候、和朋友一起旅行的时候,讲讲笑话还不错。但是,与同事、熟人参加商务及社交活动时,恐怕就不合适了。在这种并非私人的空间和有点儿仪式化的交谈场合,讲笑话一定要慎重。

　　当人们着急想讲些什么时,往往都会选择讲笑话,但它们只会让

对话终止，而不是继续。

之所以让你慎重地讲笑话，除了避免因为笑话无聊而造成尴尬，还有另一个更大的问题，那便是：讲笑话的确不是在交谈。虽然得体的笑话可以引发讨论，必要时也可以缓解一下气氛，或者能够阐明某个主题，但是，讲笑话事实上是在对别人讲话，而不是和他们交谈。讲笑话让你和正在交谈的人处在不同的层次，即使只有一会儿的时间。所以要问问自己为什么要讲笑话。

1. 你觉得应该说点儿什么，但却不知道说啥。

2. 出现了一段尴尬的沉默，而且似乎沉默还在继续。

3. 你对某件事一直成为大家关注的焦点感到厌烦。

4. 你觉得该你说话了。

5. 它和前一个人讲话的内容很配，又可以让聊天有个新角度。

上述五个理由中，唯一可以接受的理由是最后那个。

比笑话更常被运用的是与刚刚交谈的内容息息相关的俏皮话。俏皮话和大多数笑话不同，它不会让对话终止，而是让对话往相同的方向继续下去。

A："蛀虫入侵最讨人厌的是，它们被消灭之后会遗留下污渍。"

B："听起来你需要一台洗蛀虫机。"

A："有没有人对咖啡也有不良反应？我会头痛、眼睛不舒服。"

B："也许你在喝咖啡之前应该先把汤匙拿开。"

A："我们昨晚去看的那出芭蕾舞剧，直到现在我对他们踮着脚尖跳舞的方式还是觉得很神奇。"

B："他们为什么不干脆找高一点儿的舞者。"

A："我找到三个更好的贝壳，可以放到我的收藏柜中。"

B："我也收集贝壳，只是我把它们都分散在全世界的沙滩上。"

A："我们正在南区兴建一栋大楼，将来它只给眼科医师及眼镜商提供办公空间。"

B："伤眼的基地，对吧？"

很遗憾的是，要把笑话讲好，你要不就得有一肚子的笑话段子，要不就得机智地运用即兴讲笑话的技巧。不过，一旦用过了头，好笑的笑话往往比不好笑的笑话更令人厌烦，令别人跟你讲话觉得很不舒服。

风趣幽默是聊天的调料，不是聊天的主食，而世界上几乎再没什么比挖苦讽刺的生活态度更令人厌烦。

把笑话讲得简短有趣

如果你善于讲笑话，而且那个时候你不得不说个笑话，而且笑话还要非常恰当地添加到对话之中，那么，请遵守下列规则，以求达到最佳的效果：

❖ 这个笑话要和刚刚提到的事情有关系，这样的话，才能与对话的节奏合拍。如果它和谈论的话题不相干，那么，即使它再好笑也没有意义。

❖ 了解你的听众，让笑话与人们的身份、活动或周围的环境相吻合。

❖ 不要透露你的期望。如果你听过别人这么说，我想你一定笑得很勉强：

"我刚讲了一个笑话！"

"我可以讲个更好笑的。"

"如果你觉得很好笑，听听这个。"

"听好，我刚听到一个最好笑的笑话。"

"噢，嘿，你得听听这个笑话。"

"噢，天啊，我听到这个笑话时笑到不行。"

"这个笑话太好笑了。"

"你完了——听听这个。"

"你一定会喜欢这个笑话。"

"你可能已经听过了，不过它实在太好笑了，我知道你不会介意再听一回。"

宣告你马上就要讲个好故事，而且还在事前就先哈哈大笑，通常是个危险的开场白。

事先预告和"炒热气氛"的意思不一样，它是在通知其他人，你希望他们的笑声加倍，而这会令他们紧张。也许他们确实也对你的妙语连珠大笑不已，但如果你事前不走漏这点儿风声的话，他们将更加欣赏你。

不经意地在对话中加进最棒的笑话，等到听众体会到了你的笑话时，自然就会充满惊喜与愉悦，体会好笑的内容。

也许不会有人在讲完笑话之后接着说："请严肃点儿，伙计们……"不过，这是个很老套的把戏，一点儿也不好笑。

❖ 如果笑话很长，那么它最好是真的非常好笑，并且很恰当，你应当确信自己此前曾经成功地讲过这个笑话，而且它真的既好笑又恰当。

❖ 当你处在一个身份、背景各不相同的小团体中时，打个比方，这群人的母语不是英语；有人可能并不了解行话或者某个流行术语，而年轻人对年长者所熟悉的文化也只是一知半解，那么，你讲的笑话不会有太多人听得懂——反过来也是一样。

❖ 别讲低级趣味的笑话。除非对象是亲近的朋友，否则这对你没有任何好处。无论你的听众笑得多起劲，或他们看起来有多欣赏你的幽默，你都会被归类为"三俗"的人。

偏见、歧视弱势群体之类的言论在社会上已不再被接受，有些人让场面变得尴尬却为自己辩解说："我不知道这会冒犯到别人。"我们早就应该摆脱这种言论而且不再提起了。

❖ 避免具有性别、种族或宗教色彩的笑话。就算你本身是被笑话嘲笑的这个群体的成员，或者就算"你一些最好的朋友"属于这个群体，或者就算这个笑话的确很好笑，它都不值得讲。

❖ 取笑不是笑话。绝不要取笑群体里某个人的名字、习惯、家乡、口音、职业、外表或经历。这并不是说笑话好不好笑、亲不亲切或恰当不恰当的问题，而是没有人会喜欢以这种嘲弄的方式被提起。当你变成笑话的主角时，无论你听到的笑声有多愉快，或者即使你告诉自己他们并不是在嘲笑你，那些笑声让人听起来都很不好受，因为它感觉起来，就是让人不好受。

❖ 双关语是个需要特别对待的问题，除非你和喜欢双关语的人在一起，而你们都在说这种话，否则，还是省省吧。美国作家迈克尔·艾柏斯在《通往会议室途中的趣事》一书中说得最好："双关语和文字游戏通常引来的是不以为然的哼声，就算引得别人发笑，也是勉强的笑。这是因为，就双关语的本质来说，它是在说某个人有多聪明——比听众聪明多了，说话的人实际上在透露这样的意思，看吧，我想得出这种漂亮的文字游戏，不是很聪明吗？"

❖ 如果你对这个笑话有任何疑虑，那么再怎么谨慎都不为过。在社交场合中，没有什么比必须假装欣赏某个笑话更令人痛苦。

❖ 讲一个笑话就够了，多讲会被人们认为是在炫耀，就算他们要求你再讲一个，也不要讲了。

人们听不懂你的笑话该怎么收场？

如果你讲你的笑话，但此时你意识到冒犯某人了，你该说什么？尽可能简短且真诚地致歉，然后期待有人转移话题，试着这么说：

"如果有什么值得安慰的话，那就是我学到教训了。"

"对不起，我应该多了解一点儿。"

"对不起，我没有想清楚。"

"我是想开个玩笑，不过不恰当。"

如果人们听不懂你的笑话，或不觉得你说得有多么好笑时，该怎么办？

首先，千万不要把嗓门抬高再重说一次，希望去强调笑点；其次，不要企图说服别人听懂这个笑话（比方说"来嘛，再想一下"）。

人们不喜欢那些说着让别人听不懂的笑话的人，他们会觉得自己很蠢，因而会把责任归到他人身上。如果你想对你的听众表达善意，那就说些不会让他们觉得自己很蠢的话（你离开家以后就不该讲笑话，想想看有没有这个可能性）。你可以说：

"我真不懂，我明明就不会讲笑话，干吗还要说。"

"对不起，我想我说错话了，我得回家详细问问我哥哥去。"

"我得收回这个笑话，这是我第二次因为这个笑话而丢脸。"

你在和人交谈时，对他讲的笑话放声大笑，但其实却听不出笑点在哪里，这会让你觉得像任人摆布一样。

这个世界需要笑声，有幽默感的人无论到哪里都很受欢迎。因此，在此对讲笑话所提出的忠告并不是要泼冷水或者提倡严肃、古板的对话，重点是在提醒大家：对话是种交谈，而有些讲笑话的人，往往忘记了这件事。如果你很有讲故事的天赋，你也知道人们很欣赏你的笑话，而这些笑话既简短又恰当，但说无妨，我们需要你这种人。至于其他人，就把笑话留给家人及好朋友享受吧。

第7章
如何巧妙地化解聊天尴尬

你，或者是其他人，都可能在聊天时发出"哎呀"一声，那是出现尴尬场面了，聊窘了。不过，不管是谁窘了，都需要有人帮一把，化解尴尬。知道在这种尴尬场合该说些什么，你就能更加从容地面对聊天时突发的窘况。

在社交场合中，如果你说错话，那就承认并且致歉，期盼他人体谅，然后就闭嘴。不要整晚都在描述你所做的事，试图在众人面前忏悔以化解罪恶感。

忘记对方的名字

这种场合其实很常见，但大多数人都会原谅你，甚至是那些你真正应当记得名字的人。不过，你可能会觉得面子上很挂不住，想要说点儿什么来补救。

有时，你可以不说出他们的名字，巧妙地防止丢脸，比如说：

"噢，是你啊！""真高兴又见面了。""我们都多久没见了？""你看起来很不错！""你好！还好吗？你有没有见过这么丰盛的自助餐？"

不过，如果你要参与很多社交活动或会议，可能得想点儿法子记住别人的名字：

❖ 在经人介绍之后跟对方谈话时，多讲几次他们的名字，同时要看着他们的脸，强化你的记忆。

❖ 有技巧地记名字，例如春妮是漂亮的年轻女孩；张明看起来有点儿像著名的脱口秀主持人立波。

❖ 用笔。在见过某人之后，尽快将他们的名字和一些与他们有关的关键词记在笔记本里。

❖ 用名片。向对方索取名片，回家之后，马上在名片上写下可以贴切形容这个人的话。

❖ 用心。我们忘记名字，往往是因为我们的注意力不集中，或是当我们第一次听到这个名字时走神了。当今世上所有的麻烦，其根本原因都是因为人们说得太多、想得太少。

很遗憾，忘记名字最糟糕的状况就是你认识对方很久了，而且对他们的名字就像对自己的名字一样熟悉，但在见到那个人的时候你死活想不起来了。首先，不要提起你忘记他们名字的尴尬，不过，如果实在是没法儿掩饰下去了，你可以说：

"继续说，我欠你一次，下次你就忘掉我的名字吧！"

"你有没有发生过这种事？跟我说你有！"

"救命啊！我的脑袋一片空白。"

"我对你的名字就像对自己的名字一样熟——你了解的！不知道是不是我太紧张了？"

"我一定把它放在右脑了，而现在我正在使用左脑。"

"我脑子一下子卡壳了。"

"我今天一直都迷迷糊糊。"

"我妈妈告诉我，今天这种状况一定会发生。"

"跟我说你也曾忘记过某个好人的名字吧。"

不过，拜托，如果你想表现出聪明和很酷的样子，就不要说那句陈词滥调："我短暂失忆的毛病犯了。"

同样，如果有人忘记你的名字，你要理解他们，并且庆幸自己没有忘记他们的名字。

伤害或侮辱了对方

当你告诉一个美女她的穿着像个小姐；告诉另一个人，他笨得像头猪；还有问你的房东，他家的装修咋那么土气时，其实你都是在开玩笑，但他们可不这么认为。

你开的玩笑并不好笑，已经超出了适度的范围。你必须考虑伤害了别人的感情，这很重要。否则，无论你说什么，他们都觉得你不真心。如果你这么想："轻松一点儿嘛，何必那么认真呢？"对方将感觉得出来。被别人冒犯而不是倒霉地冒犯别人，真是好过多了。

毫无诚意的道歉只会适得其反，让局面更糟：

"我不是这个意思，意外，纯属意外。"

"我不懂你为什么要生气——我完全没别的意思。"

"这纯属口误，没什么大不了的。"

"你要我以死相抵还是怎么的？我已经说了对不起。"

如果你有同理心，会因为伤害到别人的情感而感到懊悔，想赔个不是，那么就真心诚意地道歉，让对方感觉到，你可以说：

"我可不可以删掉最后一幕？"

"尽管说，告诉我你现在认为我是一个怎样的人！"

"我该如何赔罪呢？你说。"

"很抱歉，我没有获得你的同意，就大大咧咧地把你的事情告诉了别人——我真不知道自己在想什么。"

"我真的没那个意思——我太蠢了。"

"对不起——我怎么这么没脑子。"

"我真的搞砸了，实在很对不起。"

"我的脸有没有红！"

"这个笑话是我的点子——糟透了的点子。"

"我肯定说错话了，很抱歉。"

"你生气，我不会怪你——如果换作是我，我也会生气。"

"我完全没有伤害你的意思。"

"我真是笨到家了——对不起。"

"我真的没那个意思，对不起。"

"我刚才说的话不该有任何借口。"

"你是对的，我错了，对不起。"

要道歉，就好好地道歉一回，然后就把这事忘个精光，别总是提起。除此之外，道歉的时候要避免过度戏剧化，以致让人心生反感。例如，下面这些道歉就过度戏剧化了：

"我真是天底下最大的笨蛋。"

"我真的非常、非常、非常抱歉。"

"我真不敢相信我刚说了多么糟糕、愚蠢、差劲、不负责任、伤人、不确实、可怕的话。"

"说了这种话，我死掉算了。"

"我真的太丢脸了，事实上，我想我现在最好就回家。"

"讲出这种话，我想死的心都有。"

"如果你不再跟我讲话，我一点儿都不怪你。"

"这种事老是发生在我身上。"

"这是我做过的最糟糕的一件事。"

"你可能不会再跟我说话了。"

道歉是生活的黏合剂，可以修补任何东西。

如果你受到了伤害或侮辱，可能的话，请马上原谅对方。你要知道，人们总会说出未经深思熟虑、没大脑、愚蠢的话。如果运气好，你自己也做过同样的事，那么你只要搞懂这种状况到底是怎样出现的就行了。你可以这样跟对方说：

"别再想这件事了——不过也别再犯了！"

"我接受你的道歉。"

"我也做过这种事。"

"我们忘了这件事吧。"

"谢谢，我珍惜你的道歉。"

说漏嘴了

你真的不慎说漏了嘴，无意中泄露别人的秘密，例如说："不过那是因为她怀孕了，啊，糟糕！""他没有辞职，是被炒鱿鱼了，嗯，不过他说不要跟别人说。"

或者，也许有时候你是真的想泄密，也许是你经受不住让人家晓得你知道秘密的诱惑，只想把秘密说出来。知识和信息是力量，但如果人们不晓得你知道别人不知道的事，那又有何用？于是，你泄露了消息："别跟别人说，她正在办离婚。""应该没有人知道，不过很显然，他正为了小偷小摸的不良癖好接受心理治疗。"

说出别人的秘密，严重破坏了道德、忠诚及起码的礼貌，必须做适当的补偿。

对那些从你口中知道了别人秘密的人，你得向他们道歉，然后告诉他们，你已经知道了背叛别人有多么不对，并且向他们保证，你会马上让被泄密的人知道你都泄露了一些什么样的秘密。你得在那些知道你已经泄密的人面前先纠正自己的错误，否则他们日后不会再相信你。如果你坦率承认错误并诚心表示忏悔，他们可能会再给你一次机会。

至于被你泄露了秘密的当事人，你也应当尽快告诉他，你做了哪些错事，并尽可能真诚地表达歉意。就算你的动机并不单纯（例如为了表示你"得知内情"），你也可以跟对方说你是不小心说漏了嘴，来表达你内心深处的后悔。

讲了超低级的笑话

如果你不够谨慎，说了一个非常低级的笑话，你的听众也许觉得你就是这么低级的人。另一方面，他们会面无表情地注视，不自在地笑并皱起眉头，这些表情就是在告诉你，他们听到低级笑话觉得浑身不自在；或者，他们会马上找一两个借口告辞，离开你们这群人。

有时候，某句话对某群人来说是句俏皮话，但对另一群人来说，却非常无礼，所以在讲笑话之前要先了解你的听众对笑话的接受程度。

不过，万一你已经搞砸了，那怎么办?

简短、真诚地致歉，不要避重就轻，例如："我不知道你会这么想。""虽然我还是觉得很好笑，不过很可惜你并不觉得。"然后只能期待现场有人可以转移这个尴尬话题。向对方道歉时，你可以说：

"我很抱歉。"

"我真不知道自己在想什么。"

"真的很抱歉，我没有想清楚。"

"对不起，我应该多了解一点儿再说。"

"我觉得很后悔。"

"讲这个笑话真的太不恰当，真对不起各位。"

讲了很蠢的话

你在有两位企业CEO参与的谈话场合中，以瞧不起的口吻提起"精英"这个字眼；在有肥胖者在场的场合，说了"胖子"这个词；在你老板听得到的范围之内，讲你自己升职"无望"。你除了只会说蠢话，身上明显还有没被驯化的部分，就是你的舌头。

或者，你在谈话中用了"反应迟钝"这个字眼后，却发现你的一位听众是唐氏综合征（又名"先天愚型"，在部分地区被俗称为"国际脸"，包含一系列的遗传病，其中最具代表性的第21对染色体的三体现象会导致学习障碍、智力障碍等情况——译者注）儿童的父母；你抱怨小区里的某位邻居，却发现她的先生就站在你旁边；你非常讨厌别人当众抽烟，觉得这样让大家都付出了健康代价，因此一说到这种人，你就忍不住理直气壮地大声责骂，但完全没注意到这群人里面就有一个"老烟枪"。

谈论的议题虽然各不相同，但结果都一样：你愿意付出任何代价，收回你所说的蠢话。当然，你办不到，而且，即使你道歉了，人们还是不会忘记你的失态。最好的办法就是事先预防。保持沉默或中庸，直到你可以信任自己的大脑，不会把脑袋里想的每件事都说出来为止。傻瓜所拥有的才华就是沉默。

万一预防已来不及了，怎么办？那就坦白、真诚地去跟大家道歉吧！你的举止要像你说的话一样，充分表明你已知道了自己的愚蠢，而且非常后悔：

"我实在太愚蠢了。"

"我是个傻瓜，我刚证实了这件事。"

"我很抱歉。"

"请原谅我，我不知道我到底在想什么。"

"我讲这话很不为其他人着想，真的太粗心了，我很抱歉。"

"我这么说很不恰当，我早该知道的。"

"你能原谅我说出这么不替人着想的话吗？"

礼仪的一般规则就是为不当的事道歉，不过未经过大脑思考的话还是要避免说出口。

聊得很不爽

当你感到聊得很不爽时，最简单的反应就是走开，含糊地说个理由，然后离开这群人或这个人。让自己看起来显得有点儿不舒服的模样，是十分有用的办法，也比较容易做到。不过，如果你被当时的话题缠住了，可以这样来说：

"我们换个话题好吗？我觉得很不舒服。"

"我不需要知道这个。"

"我对此事一无所知，但我知道一件事：'我好饿！'可以失陪一下吗？"

"如果你不介意的话，我不需要知道这话的内容。"

"听这种事让我很难过——你介意换个话题吗？"

"你说的事情真的让我很不舒服。"

"对不起，这对我来说太细节了。"

背后拆台

在和一小群人聊天时，如果听到有别的一两个人开始议论某个你们都认识的人，而且措辞并不厚道，这种背后拆台的话语让你觉得很不舒服，你该怎么做？

没有人喜欢被当成道貌岸然的人，如果朋友以这种八卦的方式提到你，你当然希望能有个人跳出来阻止。如果别人并没有对他们自己粗鲁的言论感到尴尬，你也大可不必因为坚持自己的原则而感到不好意思。这种时候的沉默有时是不恰当的。

你可以起身告辞，离开这群人，用这种方式表达你的立场。不过，如果你可以说点儿什么，可能更有效，你也会觉得更好过些。例如：

"你真的相信这些事吗？"

"天啊，我感觉好像回到了小学六年级。"

"我可以问问他这件事——也许他有另一种说法。"

"我对传闻没什么耐心——传闻根本靠不住。"

"听你这么说，让我很惊讶。"

"我一直认为她是个好人——听到这个话真的让我很不舒服。"

"真的。（转向另一个人）我一直想问你有没有这场爵士音乐会的门票？"

"嗯，你不介意我提起你说的话吧，会吗？他真该知道人们都怎么说的。"

"这真有趣，因为他提到你向来都只有称赞的好话哦。"

两人抬杠

对旁观者来说，抬杠也许极具娱乐性，但它真的不适合出现在商务或社交聚会中。美国作家丽莎·奥瑟这样评论美国的市政辩论："他们的市政辩论没什么意思，而他们有意思的辩论，也不在市政话题内。"

你可能想介入调停纠纷，站在道理、公正与逻辑的这一方，不过，这不会有任何帮助。你最好离开，让他们知道，他们这样相互抬杠，让你们这些旁观者很不舒服；你也可以换个话题或将他们两人分开。你可以对其中一位"斗士"说：

"对不起，你能告诉我洗手间在哪儿吗？"

"珍妮，可以递给我一张餐巾吗？我的咖啡洒出来了。"

"我答应钱宁要找个人和我一起端菜的——你介意帮个忙吗？"

"嗯，我很讨厌打断别人，不过我想问你是否可以把研磨机借我几天？"

或者，你可以告诉他们两个：

"好了，一二三，换个话题。"

"我们换个话题好吗？这一点儿都不好玩。"

"我们现在就把这个议题搁在旁边好吗？这地方不适合谈这个。"

"你们可不可以另外找个时间继续？我得问你们一些有关足球彩票的问题。"

"对不起，打断一下，我想我们应该趁着现在还有点儿吃的，去看一下自助餐台。"

"嘿，两位老兄，你们让我们都很不舒服。"

"我父亲一直警告我不要谈论政治，你们两人现在这样子就是最好的理由。"

"对不起，打断一下，我不知道你们有没有发现，我们其他人都没有你们俩那样热衷于这样的事情。"

"嗯，你们两人何不到旁边去解决呢？"

你被卷入争执中

好吧！这不是你的错，争端不是从你开始挑起的，你通常不会这么大声讲话或者这么心烦意乱，但总得要有人坚守自己的立场。

无论争执是怎样开始的，也不管吵的内容是什么，总之，在公共场合争吵，绝不会提高你的声誉。你一旦有足够的理性，意识到自己正陷于争吵之中时，就应该赶快抽身。别想着你吵赢或吵输了，也别想着谁对谁错，只要想着你在他人面前争吵，看起来就会像个失败者，其他什么事都别去想。

在你退出争辩时，尽量给对方留面子，如果你这么做，人人都会觉得好过些。你可以说：

"我得马上吃点儿东西，也许我们可以找个时间再继续讨论。"

"我想我们达成的共识似乎比较重要，我们算平手了。"

"我们稍后再继续——我要先去吃点儿东西。"

"我们谈论了很多领域了，我帮你倒杯新鲜的饮料好吗？"

"我们已梳理了一些事，这很好，现在我得去喝杯咖啡。"

"你提到一些很好的观点，我会认真想想。"

有些人很喜欢争辩，只因为觉得好玩。他们可以站在某个议题的任何一方，因为议题本身并没有争辩那么重要。如果你是这样的人，除非在极少数的场合中你发现有人跟你一样喜欢抬杠，否则应该停止争论，并且打消想跟别人争个输赢的念头。通常，旁观者觉得这种争论令人很不愉快，而与你争辩的那个人也会被激怒，他们并不知道你其实喜欢抬杠。想抬杠，就去找家人及朋友吧！

当人们说得很对时，很容易就看到这件事的正确性，即便你心里觉得对方是错的。当他们说穿了某件你极力想隐瞒的、涉及他人及自己的事情时，你知道他们说的是对的，因为当时你恨不得杀了他们。

问到专业建议

要获得专业的建议，不能指望别人免费为你提供，这一点你很清楚。但是，并不是每个人都明白这一点。

假设你在美术馆工作，在一场宴会中，有人前来告诉你，他们车上有一幅也许价值连城的画，问你能不能去看一下。假设你是一位地质学教授，有人从口袋里拿出石头、笔和笔记本，问你是否可以帮忙，帮他鉴定一下那块石头。假设你的德语说得相当流利，有位朋友拿出一封德国客户写的信，请你当翻译。

你不必也不应该响应这种要求，即使对方是你喜欢的人，也是一样。想想看，他们下次在宴会中碰到其他想要放松心情的专家时，又会拿出什么东西来烦人了！你应该温和地告诉他们，这么做很不受欢迎，你可以这样说：

"我很想帮你的忙，但你得跟我助理约个时间，这是我的名片。"

"我现在下班了，明天等我上班时再打电话跟我约个时间。"

"我得在办公室才能做这些事，对不起。"

"我向来都在上班时才工作。"

"噢，现在手边没有字典、显微镜、参考书，我不太可能提得出建议来。"

"我整天都在做这些事，如果我说我已经下班了，我想你一定可以理解，改天我上班的时候再来问我。"

"你知道，我今晚是来放松一下的，你这件事可让我轻松不起来！"

问到不恰当的问题

你赚多少钱？你为什么离婚？你是民主党员还是共和党员？你同意耶稣是救世主吗？你买了寿险吗？你这个伤疤是怎么来的？我后来没再见过你太太——你们俩发生了什么？

你绝对不必回答这类问题，当然，对方也不该发问。不过，现在社会已变得相当开放，人人都有可能上全国性的电视节目，畅谈过去一直被个人或家庭视为隐私的事情，因此，如果有人认为每个人都愿意公布隐私的话，一点儿也不足为奇。

如果要回避某个问题，却又不想显得内疚、藏藏掖掖或者难以相处，你可以这样做：

❖ 把话题还给对方。比如，你回答："你需要知道这个吗？""你为什么想知道？""你为什么这么问？" 如果他们耸耸肩表示："只是好奇。"那么你可以断然地回答："真的？"然后就直接改变话题。

礼貌，有很大一部分是知道何时该假装什么事都没发生。

❖ 不回答问题，直接就转移话题。例如说："提到薪水，你知道我们付给市长多少钱吗？""我太太？这倒让我想起来，我终于见到我们CEO的太太了。"

❖ 你可以说："我不想谈这个，我有点儿想知道在这附近有没有熊出没？"

❖ 你可以用直接的方式正面拒绝回答。"你这傻瓜，怎么会问我这个？""我发现这个问题很难回答。""噢，我从不谈这个。""我不太想谈这个。""我答应母亲绝不说出来。""我比较想知道你是怎么进这一行的。"

❖ 假装你没听到问题，然后随便讲点儿别的事，或者讲些空洞的话敷衍过去。比方说："我觉得你不知道如何把马铃薯里的虫挑出来。""嘿！我中了10美元足球运动彩票。"

如果你做得到，沉默也是很好的回应。环顾四周，微微地笑，对方会等着，看你是不是会接着回答，你不能等到他们再重复刚才的问题，要把话题转移到另一个主题上去。

黄段子或性暗示

有些人还是搞不太清楚友善赞美的言论与黄段子、性暗示之间的差异。在工作场所中，通常由某个地位较高的人对另一个人做出的不受欢迎的、不请自来的、没有互动的、与性有关的殷勤、要求或与性有关的行为，与性有关的身体接触或是与性有关的对话，这些都叫作性骚扰。性骚扰包括评论、黄段子、表情及身体的接触等。这些行为突显的是某人的性别角色，而不是他们在工作上的角色，同时也是法律所禁止的。

如果你是被性骚扰的一方，你可以说：

"你知不知道，你对我的行为已经构成性骚扰了？"

"我觉得你的行为是种性骚扰，请用专业及尊重的态度跟我说话。"

"不行，你不可以用那种带有性方面潜规则的话跟我说话。"

"请不要这样跟我讲话，如果再发生的话，我就得向奥西佛女士报告了。"

"你对我的行为已经构成性骚扰了，你会因此被解雇、起诉，帮你自己一个忙吧，好好想一想这件事。"

如果口头的要求还无法阻止这种言语及行为，那么就去查阅一下你的公司对性骚扰的政策，找出可以应用的相关规定。

至于在办公场所以外的地方，如果你觉得受到某人言论的威胁或骚扰，这时就得马上起身离开，他们会明白你的意思。

遇上了"唐僧"

你变成了婆婆妈妈、叽叽歪歪的"唐僧"的俘虏。这个说起话来没完没了的仁兄脸上带着笑容，双手挥舞、眼神锐利，不停地从这件事讲到下件事，再讲到下下件事，只要你的眼睛移开其身上一会儿，这种人马上叫你的名字，把你的注意力拉回来，接着就说："然后，茉莉——你一定喜欢接下来这一段。" 如果你想打断，他们就会说："好好好，不过先听听这个。"

"唐僧"们很喜欢听自己的声音，因此一直说个不停，就像狗吠跟鸟叫一样。

你知道没有人会来解救你，因为他们都不想步你的后尘，因此，这时你得自救。

你也许突然想起一些可以解救自己又能给对方台阶下的事，例如，你可以这样打断对方说：

"天啊，我一小时前忘记吃药了，对不起，我得马上去吃药。"

"我忘了给保姆留联系电话，对不起，我去打个电话给她。"

"我占用你太多时间了，我下个活动已经迟到了，再会！"

"我的手机在振动了——唯一会打到这儿找我的只有我母亲——

我最好接一下电话。"

"哦不！我在eBay（易趣网）的拍卖再过几分钟就要结束了，我可以先告退吗？"

"我们找个时间再聊，现在我得走了。"

（更多的建议请见第1章"结束交谈"。）

第8章
你是不受欢迎的滔滔不绝的人吗？

聊天的真正的艺术不只是在适当的场合说合适的话，还要在紧要关头时忍住说错话的冲动，后面这一点困难多了。

要成为魅力四射的交谈、聊天对象，并不一定非得去学习新花招、刻意表现精心设计过的行为举止，或者提高你谈话的所有技能。成功的聊天也可以是"化繁为简"，你只要改掉聊天过程中一些比较令人讨厌的习惯，你就能成为所有聚会中"最受欢迎"的人物，很有交际达人的聊天范儿！

你令人感到乏味吗？

卡耐基的老婆作家桃乐茜·卡耐基曾说过："没有人会故意让别人感到乏味。"不过，她又说："想起来就可怕，你和我可能都是乏味的人，而且我们自己都不知道。"

你要如何知道自己是不是令别人生厌？从你听众的表情反应就知

道了！他们会笑容僵硬，眼神飘忽不定，试图想打断你，不断地动来动去，偷偷地看表，还有看起来很绝望的样子。

不要滔滔不绝地描述你的手术过程，说你从进入医院到回来工作这段时间里所受到的种种痛苦。描述你遭受多大的痛苦，并不会让你变成英雄，只会让你变得令人讨厌。

无趣的人几乎都有一张滔滔不绝的快嘴，他们一直讲、一直讲、一直讲，不间断地从这个句子讲到下个句子，从这一段话说到下一段话，几乎让人察觉不到他们中途是否换气呼吸。旁观者几乎是屏息等待，期待那些连珠炮似的话语能够出现一些停顿，但是他们根本就等不到这个空当。

有时候，专心致志地说自己想说的事情会令人讨厌，除非对方可以感受到你的热情。有些人就是很能把任何谈话的主题直接引导到他们自己的事情上头去，比如：

"你提到手榴弹很有趣，因为在我搜集的镇纸里……"

"你是说核废料吗？嗯，虽然我没有含核废料的镇纸，但我真的有一个含有海伦火山灰的镇纸。"

"你的新车听起来很棒，我有没有告诉过你，我有一系列印小汽车的镇纸？"

就你偏爱的主题唠叨个没完，根本就不是交谈，你只是在对某人说话，不是与他交谈。

不时地检查一下自己是不是每次谈话时都围绕同一个主题打转。过度地自说自话，往往会让听众感到厌烦，检查自己是不是一直在说同一件事，只是遣词造句不同，换个说法罢了。令人生厌的人经常不断地重复一个主题，一讲再讲，过度解释。看看听众的脸，就可以了解他们的反应态度，如果他们说"我了解"，那么他们可能真的了解了，你可以进入下一个主题了。

你想独占整场谈话吗？

最常见的令人生厌的状况之一就是独占整场对话。美国新闻记者西里斯汀·西伯雷曾经形容过一位女士"在和别人交谈时，就像是捡马铃薯比赛的唯一一位参赛者，她本来想把马铃薯交给你，但还没等你接到又匆忙转身，自顾自地去拿另外的马铃薯了"。

如何知道自己独占了整场对话？手表可以告诉你。如果你已坚守原则，发表自己的看法超过两三分钟了，那么就该换别人讲话了。

除此之外，独占整场对话的人从不会问别人问题，他们会自己回答自己的问题，并且忽略新加入的人，不管发生什么事，就是一直讲话。

全世界有一半的人是心里有话，但嘴上不知该怎么说，还有一半的人则是心里没话，但嘴上说个不停。

你是不是曾见过什么人不断地说话，而你从他们相当狂乱的眼神中可以看出来，他们知道自己正在独占整场对话，但他们就是不知道该怎么结束？

如果你发现自己说个不停，这时可以停住问一下对方：

"你对这件事有什么看法？"

"你有没有收藏什么东西？"

"你去过那儿吗？"

"你有没有碰到过这种事？"

"你有什么想法？你会怎么做？"

没有人会注意到你高谈阔论到一半时打断自己的话，因为他们

忙着思考你提出的问题。接下来，无论你多么想再说点儿什么，或者更糟的是，你实在想把你想说的事情接着说完，你都要克制自己，别再说下去了。记住，把交谈比喻成某种运动的话，它既不是捡马铃薯比赛，也不是高尔夫球赛，而是网球赛，所以一定要让球保持你来我往，而不应该一直停在你这边。

有时候，当一个人独占整场对话时，所有听众仍会兴致勃勃地听他讲话，但如果你能仔细观察听众脸上的表情，就会知道他究竟是让他们感到愉快还是乏味了。

无论是私底下的交谈还是一群人的交谈，如果你不停地说话，就会令人讨厌！

有些独占整场对话的人就是那些固执己见、好为人师的人。他们有意见想发表，而你得听他们说，甚至他们会告诉你，你应该、必须认同他们的观点。这些人爱讲道理，有点儿仗势欺人，脑子里想的都是自己的公正性、合理性，他们侃侃而谈，觉得自己说的才是对的，别人都应该遵从他们的意思。你也许不是这种人，但是绝对不要让自己变成有这种倾向的人。

有些人并非故意要独占整场对话，他们只是不知道怎样以简单明了的方式来叙述某件事情。他们说不清楚这整件事究竟是发生在星期二、星期三或星期四，同时，他们的听众也已经打心里希望这整件事根本没发生过。但这位讲故事的人一直想搞清楚到底是理发师在大喊还是狗在狂叫，也想搞清弹奏者在弹奏钢琴时按下那些琴键的正确顺序是什么。

一个简单的指导方针就是，无论这个故事有多么引人入胜或者多么好笑，多么有趣，你描述它的时间都不宜超过2～3分钟。

你打断别人了吗?

如果你曾在说明某个观点时被人打断,一定知道那种感觉有多令人沮丧。

打断别人的人专门挑一些不相干的问题("你那台除草机在哪里买的?")、毫无意义的评论("等你说完,我再讲我也有过的类似经验。")、替其他人完成句子("我拿起一只……""铁锤?铲子?苍蝇拍?")、帮他人讲故事("接下来你可能会拨119,对吧?"),或者争辩不重要的细节("噢,不,不可能是0.244,因为他们直到1997年都还做不到0.245,虽然……")。

邀请喜欢独占整场对话的人是错误的,这种人只要有一个,就很够了。

有些人打断别人,是因为性格急躁,他们等不及说话者把话讲完,或者他们很想记住大脑间突然闪过的一些相关的事情,因此会马上把脑海中想到的事情说出来。他们可能本意相当善良,而且把谈话的规矩想得太单纯。不过,这种人还是相当令人头痛。

我想不出还有什么方式比粗暴地打断别人的话更侮辱人、更伤人。

如果你对这种打断别人说话的做法感到内疚,但又很难让自己住口,解决办法是当别人讲话时严格要求自己不开口。在开口之前先阻止自己比在打断别人之后再来克制自己容易得多。握紧手中或口袋里的硬币,以提醒自己保持安静。

另有一些打断别人说话的人是想掌控对话,他们必须不断地在所有对话中留下他们的印记和标志。打断对话,让说话的人处在弱势地位,因此,打断别人说话的人就显得比较有权威。

如果你是这种人，也许得评估一下你的策略是否奏效。你更受人欢迎吗？你真的更有权威吗？打断别人的话对你有用吗？大多数真正拥有权威的人对自己的权威有着充分的信心，根本不需要玩弄这种肤浅的把戏。

　　有些打岔是每个人都可以容许发生的，尤其是那些对对方的谈话内容的确能够产生刺激作用的话。要分辨"适当的"打岔与"不当的"打岔并不难，因为前者可以促使对方继续把话说下去，而且可以很快接上刚刚讲的内容；至于后者，则会让对话僵住，让说话的人很难再恢复讲话的动力。

　　只有我们可以克制自己时，才能让交谈顺利进行，才会有精彩的交谈。

　　如果小心翼翼地不去打断别人，你会发现自己对那些打断你的人感到特别愤怒和生气，尤其是当你十分肯定自己并没有独占整场对话或者令人感到无聊时。**当别人打断你时，你要怎么继续下去呢？**

　　你可以说：

　　"回到我刚才所讲的……"

　　"我话还没说完。"

　　"我还没说清楚我的理由。"

　　"我可以再说……吗？"

　　"我还想再解释为什么我这么认为。"

　　"我很想听听你的看法，不过首先我……"

　　"我先讲完我的想法你再说。"

　　"让我回到重点。"

　　"我可以讲完这个想法吗？"

　　"对不起，我还没说完。"

　　"回到我的论点……"

"是的，不过……"

如果你是旁观者，看到某人的讲话被打断了，你可以体贴地直接询问："你刚刚是说……？"或"接下来发生什么事了？"或"你正要跟我们说什么……？"

你有口头禅吗？

我们很多人都有重复的习惯，平常自己几乎感觉不出来，但很遗憾，别人却注意到了。问问一些喜欢你的人，他们是否发现你使用重复的措辞，如果是，请把它们改过来，或者尽量避免。

最烦人的词组之一就是"长话短说……"，这句话通常是那些古怪的、对短话完全没概念的人说的，讲这句话，只是先为接下来的长话表示抱歉罢了。如果你发现自己也讲"长话短说……"，那么看来你就是口若悬河、尽讲些长篇大论的人，请好好地精简你说的话。

下面这些措辞在谈话中讲一次很好，但如果一讲再讲，对你的听众来说既没有任何意义，又很难受：

"事实上……""不对吗？""你清楚吗？""你知道我的意思吗？""你知道的……""基本上……""对吗？""嗯。""如果你了解我意思的话……""我懂。""我说真的。""无论如何。""清楚吗？""比如说。""的确。""当然。""OK？""真的？""对吧？""了解我的意思吗？""可以这么说。""想想看！""长话短说……""啊！""最后……""哎呀！""对……对……对……""你懂我的意思吗？""你了解吗？""你知道……""你知道我在说什么吗？""你懂吗？"

不这么说，该怎么说？那就什么都别说。这些措辞，特别是一再重复这些措辞，对你的对话没有任何帮助。

另一种口头禅则因人而异。有些人喜欢讲"漂亮、很棒"，有些

人则喜欢讲"恶心、太好了或好可怕"。有些人使用诸如"厉害"这种字眼，每隔几分钟就会讲一次，老掉牙了。找个朋友或亲人，问一下你是不是经常讲自己的口头禅。

你以偏概全吗？

没人喜欢以偏概全。你讲话时用到"总是"或"从不"这种字眼，人们立刻会反过来想告诉你，实际上他们只赢过一次办公室的赌金，休过一次假，打过一次领带去上班。

另一种以偏概全的说法则是以少数来概括全体，例如"女性都是很糟糕的驾驶员""抽烟者感觉都很迟钝"或"单身汉都像有家具的熊一样"。即使是以"有些女性、有些抽烟者、有些单身汉"为主词时，就算人们不是女性、抽烟者或单身汉，他们对于以偏概全的结论也会产生反感。

所以，你在使用以下这些字眼时要小心：

"所有""总是""一直""不断""每个人""每一次""每件事""每次""绝不会""一定是""从不""没有""永远都别想""一直重复""全部""绝不""毫无例外"。

你可以改用：

"一些""很多""经常""一般来说""很少""许多""最常""偶尔""往往""有时""通常""有些""不常""常常"。

你聊"建议"吗？

你可能没有意识到自己其实很爱讲大道理，有时会抱着高高在上、高人一等的心态，不过，如果你使用诸如"应该"及"必须"这类词的话，也许让听的人觉得你很讨厌。

如果是别人要寻求建议——首先，大多数时候，最好是等别人主动向你寻求建议——你可以使用比较不带侵略性的字眼。

有些人真的需要你的建议，但有些人只是想要你告诉他们："你每件事都做得很好！"或者"唉，太糟糕了，我觉得很难过。"

知道什么事跟你有关，什么事跟你不相干，实在太重要了。

使用以下这些字眼时要小心：

"最好不要。""最好。""必须。""如果我是你，我会……""一定要。""应该。""不该。""你……真的疯了。"

你可以改用下面的句子：

"可以看看。"

"你有没有想过。"

"我可能会说。"

"我可能会建议。"

"就我的观点来说……"

"就我看来……"

"我猜想……"

"可以想想这个做法。"

"如果你……"

"这只是我的看法，不过……"

"你可以试试。"

"你可能可以。"

"你可能想过这个，不过……"

人们完全可以接受向朋友征询建议，然而在社交或商务场合中，假如你向木匠、律师、会计师、护士、驯马师或任何拥有一技之长的人寻求专业的建议，就完全让对方无法接受了。

你声明得太过头了吗？

你有没有和那种说出来的每句话都非常"坦白"及"老实"的人交谈过？有些人在说每句话之前似乎一定要加个开场白，以保证他们的坦诚。这样不只是令人难受，而且根本没有必要，交谈并不是在签合约，不过，你还真是搞不懂他们为什么总要这么做。

使用以下这些字眼时要小心：

"老实说。""坦白说。""我喜欢说得坦白一点儿。""说实话。""我真的是这个意思。""我真的相信。""我们老实说。""我们开诚布公地说。""我可以说实话吗？""真的不瞒你说。""说真的。""真的。"

你可以这么做：

什么都别说，省去那些做保证的字眼。

你在讲秘密吗？

当然，你知道的秘密比较多的时候，要保守秘密本来就难了。此外，每次一有机会，你就无法克制住不向别人透露秘密的诱惑，以显得你知道别人都不知道的事情。

不能把别人的秘密泄露出去，然后再要求听到的人保证不说出去。你和秘密的当事人有心照不宣的约定，因此你就不该说出去。你心里很清楚，但你又希望把知道的事跟别人分享：只要对方答应保守秘密，你就把秘密说出去，这让你的脸上有光。要知道，如果别人承诺不说出去，那么这种承诺的价值就跟你自己在秘密当事人面前的承诺一样。

这几乎不用说也知道，泄露秘密的确会让你很不受欢迎，希望没有人知道这件泄密之事是没用的，他们终究会知道的。说出秘密的人要求听到的人保密，等于是在要求对方遵守一个他自己都做不到的协议。

聪明人听到"真的不瞒你说"这种严重的预告时，一定会赶紧躲开。

在商界，对于别人交付给你的任何信息更要小心谨慎，这跟受不受欢迎没有关系，而是跟保不保得住工作有关系，你可以用"不——"来结束对话。

最高机密？

有些人似乎一定要让对话显得神秘，他们跟你说，只有你才知道这些信息——即便它们一点儿都不重要，毫无价值。他们会把身子倾向你，音量降低到耳语的程度，讲话中不时穿插"只有天知、地知、你知、我知"。如果你是这种人，那你快停止吧，这种做作的风格令人很反感，而且很少有人相信你所说的话真的有什么特别的信息。

使用以下这些字眼时要小心：

"只有我们知道。"

"只有你跟我知道。"

"只有你知、我知跟这盏电灯知道。"

"这是秘密。"

"不要跟别人说。"

"你知道就好。"

"一定要保守秘密。"

"别说出去。"

"要保守秘密。"

"私下说。"

"绝对不能说出去。"

你可以这么做：

那就什么都别说，省去所有机密的措辞，看看别人如何以就事论事的语调讲话，然后照着做就可以了。

你聊八卦吗？

八卦并不是坏事，就看你如何界定。作家巴克罗斯曾说："适当的八卦是件迷人且令人兴奋的事。荷马史诗《奥德赛》本身也不过就是一部壮观的八卦，而我们一代一代流传下来的每个故事和传奇也几乎都可以这么说。"《源氏物语》的作者紫式部曾说："这世上很少有人可以谨慎到克制讲个好故事的欲望。"

至少，八卦"只不过是悄悄地对话罢了"。不过，尽管如此，你最好还是避免散布谣言，谈论别人个人的、私密的以及煽情的行为。

如今，如果你聊聊别人的八卦，可能看起来蛮有吸引力，因为别的人好像都很喜欢听这些故事。然而，以后在别人的记忆中，你会成为一个阴暗的小人，也就是另一种不受欢迎的传话者。

许多年来，一直备受欢迎的八卦专栏作家李兹·史密斯指出："坏八卦会驱逐好八卦。"散布其他人的成就，甚至有时说说他们如何获得成就的有趣故事——真的是很好的"八卦"。谁的健康状况有所改善，谁刚刚做成一笔新的生意或者买了新房子，或谁家添了宝宝等消息，严格来说都是八卦，但都很能令人接受。

分辨无恶意地谈论他人（"塞西和安到泰国住了一个月"）以及不客气地议论他人（"我猜他拿了她赚的每一分钱"）之间

的差别，是一项社交技巧。不过，你了解这项技巧，大可不必那么痛苦。

快速地测试你散布的消息会不会被圈内人接受，方法是问问自己，如果消息的当事人无意中听到你说的话会怎么想。他们会因为你这样的朋友到处讲他们的事情而感到高兴，还是会气得七窍生烟？

如果你说了下面这些话，你可能就是在讲不好的八卦：

"你有没有听说凯莎的事？"

"你知道为什么菲力斯最近都没有去上班吗？"

"我猜你一定不知道墨特最近发生的事。"

"我告诉你斯蒂芬妮发生了什么事。"

"你不会相信我听说了丹尼斯的事情。"

好的八卦听起来会像是：

"好消息！珍妮订婚了，男方很不错！"

"我猜切斯特斯一家要在蒙大拿买座农场——我真的好奇从大都市到那么偏远的地方，他们该怎么去适应那里的生活。"

"我听说汉克回家了，而且有足够的信心可以接待拜访者。"

"哇，这项新科技似乎可以打一场好网球——我们可以使用另一台很棒的自动发球机。"

考虑不够周密的八卦会使人们对讲八卦的人的印象大打折扣。例如，不要在社交场合中谈论办公室里的事，也不要提到其他人都没有参加的宴会，或者提起某人为什么事付出了多大的代价，等等。问问自己，站在你对面的那个人是不是也会聊这种事，如果不会的话，你就不要说。

恶意的八卦……取代了生活中一成不变的创意。

你嘚瑟吗？

交谈的整个重点就在于得知一些跟对方有关的事情，因此跟你交谈的人真的想知道你的一些事情。不过，把自己讲成文艺复兴的女性、超人、平民英雄，或多才多艺、获奖无数的人则是另一回事了。

谈论自己及夸耀自己之间的分寸，一般很难掌握。用一些小小的技巧表现自己很重要，甚至对他人来说，听听你的成功故事也很有趣——只要你知道如何在这个过程中娱乐并激励他们。

审慎的自负是聊天的调味品，不需要太多，但如果一点儿都不加的话，聊天会变得淡而无味。但是，过分的自负通常只是无名小卒对自我的误解了。

人们想要听听你的看法及观点，但在讲述这些看法时，尽量不要把自己放在话题的核心主角位置。《读者文摘》出版的《更好地写文章，更好地讲话》一书指出："你在讲话时，不要讲得好像主题可以定为'比利牛斯山与我''通货膨胀与我''泰姬玛哈陵与我''最高法院与我''小数点与我'等一样。"

❖ **实话实说，让别人自己去下结论。** 你要说："我是搞软件的，我真的很喜欢我的工作。"而不是说："我是我们公司销售经理中的顶尖人物之一，事实上，我是2013年的年度业务代表。"你的态度会让人们感受到你的工作确实很成功，然后在你对对方有了更多的认识之后，就可以让他们知道你在2013年的佳绩。

❖ **不要提起你的成就**（我是去年的百万业务员），**而是谈谈你的工作最吸引你的地方**（我一直在暗暗地记录，看看人们平均要看多少套房才会做出购买的决定）。然后，同样地，当对方要求你再多讲一点儿时——他们很可能会这么做——你就可以坦言你去年的成绩有多棒。

❖ 如果可能，让你自己和其他人产生联结，而不要只说"我一人"，例如："我们有好几个人都打定主意让这个小区的孩子有一座公园。"就别人看来，这件事情你的功劳最大，但听起来却又不会太过自负。

❖ 有些人很能对说话者感同身受，但很遗憾，如果每隔一句话就加上"我也是""哦，我也是！我们买了第一批的其中一个，还有……""对，我懂你的意思——我有个部属也是那样，我跟你说……""我也碰过这种事，除了……""我也认为很棒——事实上，我去买了整组的……"，那么对方肯定会觉得刺耳。

在谈话中让对方知道你"了解"他们，会很有帮助。然而，你不该抢话，把话题转移到自己身上，应该让对方用自己的方式先把话讲完。

❖ 同样地，让对方讲述他们的经历，别试图用你自己的经历来压他们，例如说："那没什么！你应该听听我在开罗时碰到的事！"你的经历可能比他们的经历精彩50倍，但请留着下次再说。无论它有多么不可思议，别人并不会因为你窃取他们的想法而更喜欢你。

你抱怨吗？

除非你能以令人愉快的方式抱怨，否则把怨言留在家吧！一两句怨言，特别是与你讲话的对方也能感同身受时，通常效果还不错："我们该拿复印机怎么办？它正常地运转过吗？"

面对习惯性发牢骚的人，人们会躲得远远的。所有认识他的人都知道他会反复念叨：以时速40英里冲进高速公路的人、拥挤的地铁人群、小区配套设施不完善、洗手间漏水的洗手台、邮局门前长长的队伍、要听完15个自动选项才被接通的电话等一些令人讨厌的芝麻小事。但就是这样：事情都很无趣，每个人都会碰到同样令人讨厌的事，但大多数人有更值得谈论的话题可以说。

我个人认为，我们是因为内心深处有事情要抱怨，所以才发展出语言。

你甚至可能不知道自己是个爱发牢骚的人，但如果你在聚会中不是最受欢迎的人，得反问自己为什么。检查你上一次的谈话内容，看看里头有多少是在发牢骚。

你损别人吗？

你或许以为，人们应该可以接受建设性的批评，如果不行，那他们在这一行还做什么大事？于是，你肆无忌惮地对别人的观点及作品提出你的意见，甚至可能还给出一些绝妙的评论。只是，如果你说不出巧妙的措辞，很少有人再来询问你的意见。

或者，实际上你觉得自己对他们很有帮助，完全不清楚自己在大多数时候有多么不受欢迎。有时候，聪明人会比别人看到的更多，但在谈话中，你还是要克制自己，不要每次都提起别人不好的一面。

避免说出下面这种吹毛求疵、泼人冷水、令人无法招架的话：

"你疯了吗？董事会不可能做得到。"

"我待在这里的时间比你长多了，我可以告诉你那样行不通。"

"你很快就知道，没那么简单。"

"不过那太荒谬了！"

"你不知道吗？啊！我以为每个人都知道。"

"我可以比那个人更厉害。"

"我告诉你什么叫恐怖，我是说真正的恐怖。"

"我很高兴你对它感到满意，但你其实多付了50美元。"

"我在比你年轻8岁的时候就出版了第一本书。"

"我想你一定不知道，不过这个故事真是个都市神话。"

"你可能有兴趣知道，我们已经试过了——结果是死路一条。"

"如果我是你的话，就不会这么做。"

"这让我想起发生在我身上的事。"

"那一定行不通，相信我，我经历过，知道它行不通。"

"等你听到我们的销售数字再说！"

"我们在游客涌入之前就去过那儿了，你真该看看当时的景色。"

"我在你这个年纪时，已经有了三个孩子和一笔抵押贷款了。"

"你真的认为那是一笔好交易？"

"你到那里去吃饭？哦，那个地方真可怕，你应该到对面那家餐馆的。"

你损自己吗？

你或许觉得，贬损自己是很谦虚的表现，但这也会让别人很不舒服。或者，你可能觉得，你得经常为自己辩解，但这同样会让听的人很不自在。

不要说出你对自己的评价，人们对你怎么看待自己的个性与人格并不是特别有兴趣。

我们很多人会用自谦当作谈话的开场白，要改掉你可能是从小养成的习惯很难，但还是要努力看看。那些小小的"谦卑"引言不必占去你太多的讲话内容，听起来好像你觉得自己很笨拙一样。让别人去判断好了，你如果老是贬损自己，只会让人们照着你的自我评价来评判你这个人。如果你一直道歉，人们会开始以为你一定真的有很多事该道歉。

不要以这样的话开场：

"对不起，我问得这么详细，不过……"

"我知道这可能是个笨问题，不过……"

"我可能说得不对，不过……"

"对不起，这听起来可能有点儿蠢，不过……"

"我敢说每个人都知道这个问题的答案，不过……"

"我可能不该提起这件事，不过……"

"我对这个一无所知，不过……"

"问这个问题可能有点儿浪费时间，不过……"

"你可能已经跟我说过了，不过……"

你应该拿掉这些开场白，直接进入问题或评论：

"这是怎么做到的？"

"我不懂她的意思。"

"我想那是不合法的。"

"我想它呈现出来的颜色比较像红色，而不是紫色。"

"你的意思是说……"

"谁会负责？"

"为什么它第二次就成功了。"

"你能解释如何……吗？"

你措辞不当吗？

这本书不去管正确的语法和发音，不过，我们在每天的对话中真的有很多字经常被误用或过度使用。

❖ **"好像"**

"好像"一词经常被误用，我们常会听到别人说："我——好像——哇，感觉很棒。"以及"我好像，他为什么不搬家呀！"除非你在和朋友或家人讲话，否则你一定知道，还有其他更好的表达方式。然而，我们却经常在社交场合或商务场合听到："我觉得好像我应该帮她。""好像"只能拿来和名词做比较，因此，如果你喜欢的话，你可以说：

"我觉得像个电影明星。"

"我觉得像个赢家。"

"我觉得像个可怜虫。"

如果你要加进句子，可以用"似乎"或"仿佛"：

"我觉得似乎应该帮她。"

"我觉得天仿佛快塌下来了。"

"我觉得这个计划似乎注定要失败了。"

"我觉得我们似乎永远办不到。"

❖ **"真的"**

"真的"经常被误用来强化某件事。除非你有把握把这个词用在正确的场合，否则就把它从你的词典中拿掉，这么做比琢磨何时可以用这个词要简单多了。"真的"这个词是"实际上""事实上""的确""千真万确"的意思。当有人说："他真的把我的头咬掉了！"（编者按：此句意思应为"他把我骂得狗血淋头"。）这个人的英文课一定没有好好上。人们会说："我的头真的炸开了。"我想他们的头并没有真的炸开。"他的鼾声真的把屋顶给掀了。"可能没有这样的事吧！

❖ **"基本上"**

"基本上"是另一个你最好把它从词典里拿掉的词，它基本上并不会为一句话增添什么含义。找出你会加上"基本上"这个字眼的任何一句话，然后把这个词拿掉，看看这句话听起来是不是仍旧一样。

❖ **"糟糕地"**

"糟糕地"经常糟糕地被误用，主要是像这样："我很糟糕地觉得他不好。"这样表达不对，应该是你觉得他很糟糕。"我很糟糕地对他们的抢劫行为觉得不好。"应该是你觉得他们的抢劫行为很糟糕。如果你很"糟糕地"觉得不好，表示你的指尖动弹不得或没感觉了，觉得很不舒服。

❖ **"运用"**

"运用"是世界上最不需要的一个词，无论你在何处想用这个词时，拜托，请改成"利用"。这个词之所以会流行，是因为有些人觉得它听起来比较高科技或比较专业一点儿。不！它听起来很愚蠢，请讲"利用"。

❖ **"满含希望地"**

"满含希望地"这个词经常有人说，如果你用得不好并不算糟糕，但如果更多人可以更正确地使用它，不是很好吗？"满含希望"的意思是"充满期望"。因此，如果你不小心掉进流沙里，你满含希望地盼着能找根长棍子或有人来救你，并不是"我希望"的意思。最常听到的错误用法是"我满含希望地认为今晚的交通不会阻塞""我满含希望地期待他们今天会签合约"或"我满含希望地认为屋顶不会受到影响"。这些句子的正确说法是：

"我希望今晚的交通不会阻塞。"

"我希望他们今天签合约。"

"我希望屋顶不会受到影响。"

上述这些字词并不包含所有会被误用的字眼，但想想这些例子，会让你更加注意遣词用字。说话表达得体的谈话者，会表现得更自在、更有自信。

除此之外，避免使用行话、计算机语言、浮夸的字眼及不必要的华丽词汇。

如果你平常讲话就是这种风格，那么尽管保持你的风格。不过，如果你想刻意让自己听起来很聪明、很有学问，因而在谈话中掺杂华丽的形容词，可千万不要这样做。

很多人以为使用华丽的辞藻是智慧的象征，其实，使用华丽的辞藻会把听的人搞糊涂，让人觉得你很做作。甚至，如果你误用的话，会给别人留下你很愚蠢的印象。当对方皱眉、眼神呆滞或含糊地微笑时，可能是表示你该使用简单一点儿的辞藻了。

另一个和遣词用字有关的缺点是，有些人学了某种外语后就非常喜欢在对话中掺杂点儿法文之类的外国话，还引以为傲。如果你是这种人，去找个法国朋友吧，放过其他人。

你以疑问语气结束对话吗？

你在讲话结束的时候语气上扬，听起来像个疑问句，这是在告诉人们你自己也不确定，久而久之也会变得令人厌烦。想想下列这些对话之间的差异：

"我不知道。""我不知道？"

"他们来了。""他们来了？"

"我以为我们可以去公园。""我以为我们可以去公园？"

"我最喜欢的冰激凌口味是香草巧克力。""我最喜欢的冰激凌口味是香草巧克力？"

你无法把话说完吗?

讲话拖拖拉拉，无法用完整的句子表达你的想法，会让听的人觉得缺乏说服力，或者以为你对你讲的议题了解不足。不要像下面这样说话:

"我不知道，我想也许我们应该就……"

"如果他们不接受合约，我们可以，嗯，我们可以……"

"我多数时候还蛮喜欢他们的音乐，只是有时……"

"我想我们可以……"

"当然，我以前是，我是说……"

"我要说的是，嗯，你知道的……"

你聊天优雅吗?

良好的交谈的评估标准并不是当代才有的议题。1738年，《格列佛游记》的作者乔纳森·斯威夫特写了一篇有关优雅交谈的文章，现在看来仍相当切题:

"多话"这种愚蠢的行为是人类最常见的行为! 聚会聊天中每五个人中就有四个人多话，让其他人感到极度不自在与厌恶。在应对内容丰富的聊天时，没有人可以和"头脑清醒、态度从容"的谈话者相比。这种人思考周密，谨慎小心，他会拟好开场白，把话分成几个不相干的段落，暗示自己是另一个故事的主角，然后答应你现在把这个故事讲完后再讲那一个; 接着会回到他的主题。他无法马上想起某个人的名字，于是抬起头来抱怨他的记性，这时，所有人都屏息以待，最后他说"那不重要"，然后继续说下去。大家为这件事喝彩称赞，但最后却可能只证实，这个故事其他人以前早就听过50遍了，或者它充其量只是说话者某个乏味的冒险罢了。

另一种常见的聊天毛病就是，人们喜欢谈论他们自己。有些人不需要用到任何的客套仪式，就开始铺陈他的生活历史；讲述他们的疾病记录，加上一些症状及细节；列举他们在法庭上、国会上、爱情上或法律上所承受的痛苦与不义。

下　篇

第9章
如何与女神聊天

记住我坚信的箴言：在相爱的地方，总是有说不完的话。

无论是婚姻还是友谊，最后能将所有伴侣关系维系在一起的，就是聊天。

我们多数人都希望找到，而且最后能向自己保证，这世界上会有个女神，可以让我们的心灵欢唱、阳光照耀。

当然，遇见女神，然后和她坠入爱河，并不全是朦胧的夜色和亲吻这种美景美事，首先得聊天。与近在身边的女神聊天，在心灵上可能远得好比天边那遥不可及的星辰。

当你感到疑惑、害怕而紧张时，记住：你和女神的未来取决于很多元素的化学反应，如运气、天时、气氛，甚至是缘分，你该做的就是不要人为地挡路。

不要一心想成为女神面前最体面、最聪明、最有创造力、最闪亮的单身男子，因为女神也正在找寻真正的你，是否是充满活力、真诚而不虚伪的。因此，请放轻松，寻找一些聊天的方法，为迎接女神——你生命中最大的冒险做好准备。

该干的……

❖ 开始要慢

配合女神，调整你的聊天节奏、强度及话题。如果女神表现出冷冷的样子，你也应该表现得冷淡、随意、轻松。如果女神表现得很热情，你也可以照做。这并不是自欺，而是每个人都有一个情感温度的范围，因此在一开始的时候要找出符合女神情感的温度。

❖ 你来我往

有点儿来电感觉的两个人，他们之间的对话应该像坐跷跷板一样：第一个人先问问题，并且分享一些个人的想法，然后另一个人再分享一些个人的想法，并且问问题。一方的问题和想法会触动另一方的问题与想法。如果你一直讲话，就会有点儿不对劲。如果你们其中有一方问了许多问题，但从不愿透露自己的信息，也会有点儿不对劲。

❖ 自我表露

自我表露是建立关系的关键，但最好是从不重要的、轻松的一面着手，然后再进展到较大的议题、较深层的观念。对方想更了解你，因此告诉他你正在做什么，有什么感觉，想些什么（当然，不要一下子全说出来）。这种自我表露有助于引来对方相似的想法表白，如果没有的话，提些问题以求得平等的相互表露。

❖ 保持距离

在发展一段关系的前几小时或前几天，你的言辞简短，表露的事情不像以后表露的那么多（如果还有以后的话），而且你也会试图保持一些情感上的距离。比如，你可能会聊一些工作中的趣事，但你不会聊一些发生在童年时对你有重大意义的事。你不会邀请女神到你家和你家人共进晚餐，但你可能会提到你父母住在哪里以及做些什么。你要心甘情愿地耐心等待，直到你们双方都处于相同的频率时为止，在此之前，你的莽撞言论可能会令你功亏一篑。

❖ 称呼名字

偶尔叫一下女神的名字，可能会有惊喜，因为没有什么事情比我们感兴趣的人叫我们的名字更美妙。

❖ 喜欢哪点

这是你向女神——用个旧式的说法——献殷勤的机会，你可以用行动来追女神，但你的聊天同样也是一种追求。告诉女神你喜欢她哪一点，要既独特又具体。

讨人喜欢的话是爱情的"佳肴"。

❖ 欣赏有度

欣赏向来总是会让人感谢，不过，在发展一段关系开始之初，这却是个棘手的技术活儿。当你赞美女神的舞蹈，对女神讲的笑话放声大笑或同意女神的观点时，其实还有可怕的怪兽潜藏其后。评论女神的外表、穿着或行为，可能会被诠释为一种冒犯或进展太快；评论女神的智慧，或通过你的认可来评论女神的言论，听起来就像是在施恩于人。

和你说话，会让我更加容易思考。——约翰·霍布斯，美国作家。

❖ 选择主题

关于聊天的主题，你有两种选择。稳妥的选择是谈论一般性、不带有太多观点的话题，这让你有机会在你们首次争吵之前先看看彼此之间是否能激起什么火花。另外，对于你的政治或宗教信仰、喜欢与讨厌的事情持开放态度，可以让女神知道你的内心充满热情，同时也可以知道女神心中是否也有这方面的热情。

❖ 要会判断

判断女神对你感兴趣的程度，让你自己与之程度相当。如果你觉得自己好像触电了一样，但女神却表现得非常冷静，没有任何相同感受的样子，那么就调整一下你自己，来适应她的情感程度。在等待时，你必须要有耐心，要不就是等她也有触电的感觉，要不就是判断这件事永远都不会发生。

对于你的感觉获得回报的征兆，要保持警觉，你愈快察觉，就能愈快做出抉择。

你如何判断事情进行得顺不顺利呢？女神问你关于你自己的问题，很有可能就是对你有兴趣（或者也有可能她是个紧张的聊天者）。如果女神在见到你的15分钟之内完全没问起和你相关的问题，那可能不是一个好兆头。

一旦你发现自己不是女神喜欢的菜，那就早点儿撤吧！即使交往，你也不会快乐。你就是无法让女神爱上你，因此，你要认输，去寻找同时也正在寻找你的女神。

另一个察觉对方兴趣的征兆就是女神眼睛的活动。真正对你产生兴趣的女神要不就是很难把她的眼睛从你身上移开；要不就是，如果她害羞的话，会一直把眼光投向你。对你没兴趣的人会环顾四周，看看有哪些人也在，而她可能会觉得那些人更有趣。

要熟悉女神或让一个害羞的女神多说点儿话的一个好方法就是问"假设……"的问题：

"假设你跟我都是动物，我们可能会是什么动物？"

"假设你现在有三个愿望，你会许什么愿？"

"假设你可以邀请任何四个人来吃晚餐，你会邀请谁？"

"假设你可以学习任何一种乐器，你会选哪一种？"

"假设你可以生活在历史上的任何一个时代，你会选择哪个时代？"

"假设你可以和有史以来任何一个人结婚，你会选谁？"

"假设你可以在世界上任何一个地方过上一个月，你会去哪里？"

"假设你的公寓失火了，你跑出去的时候会抓什么东西？"

"假设你意外获得5万美元，你会拿来做什么？"

"假设你是政治人物，你施政的前三项议题会是什么？"

"假设你是个作家，你会写什么样的书？"

"假设你很有钱，而且不需要工作，你会怎么打发时间？"

不该干的……

所有人都想拥有爱情，但当他说话时，爱情却往往离他而去。

❖ 聊前男友

不要问起女神以前的约会史，无论是直接或间接，都很讨人厌；女神会让你知道你应该知道的事，晚点儿再谈这个话题会比较恰当。同样地，提起你的其他约会以试图展现你有多受欢迎，也很令人生厌。

❖ 话题俗套

避免太空泛、普通且经常徒劳无功的"谈谈你自己"的话题。多数人都不知道该怎么开始，结结巴巴的，看起来很笨拙。那些一头栽进去，从出生那一天开始讲起的人，等女神讲到她的高中时，你估计都已经快睡着了；反之，你要问些范围比较小、不那么隐私的问题，例如说："你住在这附近吗？"然后话题可以从你们两人都喜欢的熟食店延伸到你们其中一人在街头电影院观看的一部电影，再到公园里的新网球场。

❖ 接电话

当你和女神在一起时，不要接听手机，除非你正在等一个重要的电话，而且事前就已先解释过，否则不该让电话打断你们相处的时光。

❖ 试图扮演其他人

不要试图扮演其他人。当然，你要表现出最好的那一面，但不要运用你很不熟悉且不自然的语言、手势或动作，女神会感觉到你怪怪的，同时会觉得可能爱上了一个虚伪的人。

当你打电话约第一次或第二次的见面时，不要张口就说："周五晚上有空吗？"在这个关键点上，女神可能想要见你，也可能不想见你，或者女神可能正等着看你脑海里在想什么，而你突然问这个问题会难倒她；反之，你在询问女神是否愿意和你一起做某件事之前要先有个明确的提议，比如说："我一直想去试试步行街新开的那家餐厅，不知道你是否愿意周五晚上和我一起去呢？"

❖ 大嘴巴

不要跟他人分享你这段新关系的细节或对话。当然，你对你所碰到的这位难懂、非凡、独特的女神会感到兴奋，但先别跟其他人说，以示你对对方的尊重。除此之外，并非每个人都长着一颗八卦的心，都急着想知道你的感情生活。

❖ 着急表白

当你告诉女神她有多完美时，不要简单带过。首先确定你们俩都拥有差不多的感觉，当女神并不想听你这么说时，你却告诉女神你爱她或她很完美，这会让双方都很尴尬。

简单可能是智慧的灵魂，但当某人说"我爱你"时，它就不是了。

特殊状况

❖ 变化试探

你们的"聊天"要随着邮件及电话而有所不同，当你必须把话写在信纸上，或当你们实际上看不到彼此而说话的时候，你将可以从新角度去了解女神。

❖ 办公室恋情

如果你与公司的女神约会，毫无疑问，你必须研究一下公司对内部员工约会的规定，同时也必须确定这段关系值不值得你冒着办公室恋情的固有风险。也就是说，在上班时间，务必要严格限制你们之间的谈话。你要装得好像你们在隔着好几条街的地方上班，并以这种态度来处理你们的关系。因此，所有有关爱情的聊天都应发生在八小时之外。

❖ **机灵抽身（适合女生与猥琐男聊天时）**

如果你独自一人出现在公共场合，可能会被猥琐男用夹杂讨厌的性暗示来搭讪，从而卷入你一点儿都不想要面对的不自在的聊天中。你的做法就是远离这个没有分寸、礼貌或常识的人。如果你办不到，说完下列这些话之后就尽可能离他越远越好：

"我是不是说了什么话或做了什么事，让你以为你可以那样对我说话？"

"你妈妈知道你这样的行为表现吗？"

"我不喜欢这种聊天方式，我想你一定不会介意。"

"我碰到了一位朋友，对不起。"

"对不起，你一定认错人了。"

"你不可能会认为我喜欢你说的话。"

聊些什么……

好的聊天不只会激发观点、交换观点，还可以给两个人彼此留下更鲜明的印象。

当你已经认识女神一段时间之后，也许没什么话题不能一起聊了，或许你已经知道女神最喜欢哪些话题，哪些话题则是禁区，但那都是后话了。

一开始，最常见的做法就是选择能让你们双方都感到自在、愉快的话题。

可以聊的话题

奇闻趣事，你的观察及意见。

动物：现在或童年时的宠物、绝种的动物、动物保护所的志愿者工作。

书籍：最近读的、最喜欢的、童年记忆里的书。

音乐会及最喜欢的音乐团体。

当地的一些事物：新美术馆、翻新的运动场、正在兴建的购物中心、推荐的餐厅。

你看过、喜爱或看过一次以上的电影。

报纸内容：连环漫画、你喜欢的社论、怪事、当前的形势。

环境：有多嘈杂，乐队有多棒，听见自己讲话有多简单，你有多喜欢打台球，食物有多棒。

运动：最喜欢的运动、最喜欢观看的运动、最喜欢的队伍，你或她们想要从事的运动。

艺术：戏剧、古典音乐、美术馆、芭蕾、歌剧，你或她们喜欢从事的艺术。

你或她们绝不会错过的电视节目。

天气——如果变化很剧烈的话，气温创新高或新低，地震、水灾、暴风雪。

手头的项目、嗜好，即将到来的最近让你或她们兴奋的事，旅行。

工作生活：你或她们喜欢工作上的什么事情，你或她们如何进入这个领域的，公司文化有多不同，职业生涯的目标，你们对你的工作的相似感觉。

最好别聊的话题

很多家伙在行的是吹嘘、抱怨，谈论金钱、性等话题而非聊天，现在，聊天是一门艺术。

吹牛、高人一等或贬损他人。

批评及抱怨家人、工作、政府、生活。离婚——你的或她们的。

冗长复杂地描述你的工作、生活、假期、健康。

金钱：收入、财产，东西值多少钱。

低级笑话。

个人的问题、失败、缺点。

政治。

评论在场的其他人。

重述你已经看过的电影及电视节目。

女神的约会史。

性话题。

开始聊天

得知彼此喜欢进而相爱的两人，他们之间的聊天会不断增加，不会发生六个月之后，有些聊天听起来还像第一次约会时聊的内容。不过，跟其他人绝不会发生这种事。你要根据你们关系的进展来调整你们的聊天内容。

并非每场交谈都会改变你的生活，不过任何一场谈话都有这个可能。

如何搭讪

"你是这个俱乐部的成员吗？我是游客，以前从没来过。"

"我们可以直接说重点吗？你愿意嫁给我吗？"（这句话可能是颗炸弹，不过，如果你遇到了志趣相投的伴侣，这句话是个很棒的开头。）

"这首曲子有让你想起什么吗？"

"你对下一位演讲者有什么了解吗？"

"今晚这里有很多人，你都认识吗？"

"每个人似乎都玩得很愉快。"

"你知道附近有没有停车场？我找车位费了牛劲了。"

"对不起，你的奶油馅饼是在哪里拿的？我都转了半天了没找着。"

"对不起，你认识穿绿色洋装的那位女士吗？我想我应该认识她，但现在脑中一片空白。"

"对不起，你有看到访客留名簿吗？我想应该在这个房间。"

"你这辈子看到过这么多鲜花吗？我知道它们全都来自玛拉费尔的花园。"

"您好，这个位子有人坐吗？"

"您好，我的名字是默林，这里有人坐吗？"

"您好，这场订婚宴很棒，你也会去参加结婚喜宴吗？"

"嘿，你住附近？也许你知道我在回家的路上可以在哪站下。"

"嘿！我叫布兰达·费里，是你房东的哥哥，你是怎么认识凯蒂的？"

"嘿，嗯，你觉得现在可以悄悄离开吗？还是会很失礼？我得搭早班的飞机。"

"你是怎么和这个组织扯上关系的？"

"你是怎么认识珍妮的？"

"我要再去拿点儿虾，需要我也帮你拿一小盘吗？"

"我要再去倒饮料，需要我帮你拿杯新的饮料吗？"

"我一直想问人，闪光灯会引起某些人的抽筋，这到底是不是真的，你知道吗？"

"约翰建议我过来跟你认识一下，因为我们两人都养意大利猎犬。"

"有人告诉我，我们两人都在公共图书馆工作，不过我从不曾在那儿见过你，你在哪个单位？"

"这个乐队太棒了，你知道他们是谁吗？"

"这是我第一次到这儿，这里一向都这么嘈杂吗？"

"你觉得这个乐队如何？"

"你和这个团体有什么关系？"

"你喜欢跳舞吗？"

史上最完美的性玩具莫过于电话了。有时，没有什么比虚无缥缈的声音更色情，没有什么问题比低声地问"你现在穿着什么衣服？"更撩人，特别是当你可以捏造答案的时候。在电话里，你的发型看起来永远那么迷人，双腿总是干干净净的，最差劲的内衣也会变得像性感内衣一样。

搭讪：第一次聊天时不要说的话

有两件事仍然是无法补救的：时间与第一印象。

"我不认识你吗？"如果你真的是这个意思，用个更有创意的说辞，这样才不会听起来像是差劲的搭讪用语。例如："我想我们应该在哪儿见过，有没有可能在圣路克的新教圣公会，或者是在罗林公园附近？"

"你常来这儿吗？"（没人会承认。）

"现在几点了？"（几乎每个人都会戴表。）

"嘿，我不认识任何人，不过今晚我正在练习认识新朋友。"（这句话有时还可以说，但可能也会让人想建议你到别处去练习。）

"我对搭讪并不在行，但我觉得你很有吸引力，想更进一步认识你。"（我会说你还真是不懂搭讪！）

"我的朋友想见你。"（如果真的是朋友，你不会想认识不懂得安排自己与别人会面的朋友。）

"嘿，你是不是去看过精神科医师，我想我在李医师的候诊室看过你。"（这不用解释也知道。）

"你为什么到这儿来？"（跟你来的理由一样？）

"你对这场宴会有什么想法？"（要怎么想？）

"你是什么星座？"（过时了，不过以后倒是可以问问。）

"你看起来很像范冰冰或李冰冰。"（如果是真的，可以等以后再说，不过它让人觉得很假。）

"你看起来很high，介意我加入吗？"（女神会整晚纳闷high究竟看起来是什么样子，还有，它算是件好事吗？）

如果你不想再见到某人，可以说："我爱你，我想跟你结婚，我想要有小孩。"

搭讪：第二次聊天

"身为建筑师，你是不是一直对盖房子很有兴趣？"

"你看到《新闻周刊》上的那篇文章了吗？它也提到同一件事。"

"你的家人住在城里吗？"

"你打网球吗？"

"你住在这个小区吗？"

"你在商业区里工作吗？"

"你一直住在这儿吗？"

"你是怎么进这一行的？"

"我对现在冶金的应用一点儿概念都没有，你可以跟我讲一点儿背景数据吗？"

"这让我想起了《杜恩斯比利》（美国著名的连环画漫画）——你今天早上看了吗？"

"你最近有什么期待的事？"

"你如何保养得这么好？"

"你不工作的日子都喜欢做什么？"

"你最喜欢的节日是什么？"

"你工作的日子都是怎么过的？"

约会时

"你喜欢下厨吗？"

"你有没有去冲浪过？"

"你的侄儿咋样了啊？他好点儿了吧？"

"你今天过得如何？"

"如果你可以见到音乐史上的五个乐队，你会想见哪几个？"

"跟我多说一点儿咨询是怎么运作的吧。"

"今天早上我以为看到你从街上走过，一时之间觉得很兴奋。"

"你生活中不可或缺的五件东西是什么？"

"你最喜欢的电影是哪几部？为什么？"

"这个领域最吸引你的地方在哪里？"

"你想象得到最无聊的状况是什么吗？"

"你向往的工作是什么？"

"你在星期天下午最喜欢做什么事？"

"你最近看的一本好书是什么？"

"你向往什么样的假期？"

恋爱时

"我们能找到彼此，不是很幸运吗？"

"我昨晚一直睡不着，你知道为什么吗？"

"星期天我过得很愉快，自从孩提时期以来，我就没再坐过摩天轮了，你让我的生活充满无尽的欢乐。"

"我一直在想我们见面的那个晚上。"

"我爱你。"（这句话不能常常说，它并不花哨，但却很有威力。）

"我还记得第一次见到你时的情景。"

"我又想到另一个爱你的理由，如果你有记录的话，这应该是第14个理由了。"

"我之前从没跟任何人说过，我一直渴望……"

"每当我觉得已经了解你的一切时，你就又会有新的事情让我仰慕。"

"我时时刻刻都想到你。"

"我一直期待的事情是（除了再见到你之外的）……"

"还记得我们相遇的那个夜晚吗？"

"我一整天都在想你。"

"我们是幸运的两个人。"

"你第一次觉得我就是那个对的人是什么时候？"

"无论何时，只要想到你，我就很想唱歌舞蹈，幸好没有，特别是在工作的时候。"

"在我小时候，我一直希望长大以后要……"

"你让我觉得很幸福！"

"你就是我的全部，这个世界对我而言比以前更快活了。"

情景对话

如果女神说	你就说
"嘿，你看起来真帅，你想跳舞吗？"	"想跳！让我们开始吧！"
"谈谈你自己。"	"这个要求太难了，你可以再具体一点儿吗？"
"你明天晚上想做什么？"	"你知道吗？有个完美的人正在某处等待完美的你，那个人应该是我。"
"你喜欢'如果……会怎样'的问题吗？"	"喜欢啊！让我先开始！如果你……"
"你提到打网球，你想这个周末去打吗？"	"我很愿意，我们要不要顺便带上野餐的食物？"
"你会梦想与哪种人坠入爱河？"	"像你这样的人，只是我的梦想显然不够大，因为你比我想象中还要好很多。"
"我爱你！"	"我也爱你！"

结束聊天

　　说"晚安"或"再见"不外乎两种情况，一是不想走，很不情愿要说；二是想走了，说了能大松一口气。如果是后者，不要说些言不由衷的话（例如"我会打电话给你"或"我们再尽快找个时间聚聚"）。

　　如同擅长聊天、聪慧的"礼貌小姐"朱迪思·马丁所言："没有察觉到被拒绝的人是不会走开的，无关痛痒的拒绝不算。"当然，你不会想在原本会有的痛苦上再增加痛苦，但如果你意识到女神想继续和你发展关系，而你完全不想，一定要清楚地说"再见"，不要说"晚安"。

当你想撤时

"祝你工作一切顺利。"

"一切顺利！"

"遇见你真好，希望你成功、幸福。"

"终于见到你了，真好，我敢说你的闺密一定会时时告诉你的近况。"

"保重。"

"谢谢你让我有个愉快的夜晚，现在你可以告诉你妈妈，我们终于见过面了。"

"谢谢你让我有个美好的夜晚，我不会忘记这场精彩的芭蕾舞。"

"是的，嗯，晚安。"

当你还想聊半小时

"我真恨不得我们不需要各自回自己的公寓去。"

"不知道我是否能等得到明天再与你见面！"

"我很享受与你在一起的每一分每一秒。"

"我知道周五晚上又可再见到你，但周五还要等好久啊。"

"虽然只是清晨4点，不过你想去吃个早餐吗？"

"再几分钟就好，然后我就真的该走了。"

"也许我该再喝杯汽水。"

"哦，不！离我再见到你还有4天零20小时。"

"谢谢你给我一个这么难忘的夜晚。"

"这是我有记忆以来最美好的一个夜晚。"

"你不需要离开，你知道的。"

"我今晚最后一个想到的是你，明早第一个想到的还是你。"

第10章
如何与家人和朋友聊天

我们有的不是一段关系，而是性格的碰撞。

你怎样对待客户、公司老板或即将为你动手术的外科医生，就以同样的态度对待家人及朋友吧。

猛地一看，跟家人、朋友聊天，谁还不会啊，然而这种假设及其所伴随的放肆言行就是让一些家人、朋友间的相处变得一点儿都不和睦的原因。

事实上，和我们最亲近、最亲密的人保持礼貌比较难，因为我们都认为对他们是理所当然的，而老实说，他们也把我们当成理所当然的。他们不会把对待同事、新认识的人那般赞美的眼神及热烈的笑给我们，而我们对待家人及朋友时也不会笑得那么热烈、分享轻快的神情及欣赏的言语，这些都是因果循环。

然而，没有什么事可以比得上与亲朋好友间通过亲切的聊天所培养出来的爱与善意，以及其所带来的幸福与生活满足感。

该干的……

❖ **表现好的态度**

你怎样对待客户、公司老板或即将为你动手术的外科医生，就以同样的态度对待家人及朋友吧。有时，我们对待一天当中所见到的每个人的态度都比晚上回到家对待家人的态度要好。并不是说我们故意要惹人不高兴，而是我们都忽略了亲人而自己还没意识到：没有给予小小的赞美，没有摸摸头或拍拍肩膀，没有亲吻对方，没有触碰对方，然后说"我懂你的意思"。

❖ **欣赏他们**

表达你的欣赏之意。绝不要担心你是否已告诉过家里人，你喜欢家里种的茄子，或喜欢他们在阳台的杰作，听到赞美，我们从不厌倦。不必等到像毕业、婚礼及新居落成这样的大事发生时才告诉人们你觉得他们很棒。修剪了家里后院的草皮，做了一道特别的点心，剪了漂亮的发型，任何事情都可以让对方知道你注意到他们，而且对他们表达你的欣赏。

有些人，除了他们最爱的人以外，对其他人都客客气气，这是一种神经质的做作，许多家庭都深受这个问题的困扰……当他们回到家时，会收起笑脸与温柔的话语，然后好像穿着内衣一样坐在那儿，这很不漂亮。

你跟很久才见一次面的人在一起时，很容易就可以让四周充满欢言笑语；但在家里的时候，若也想充满活力、妙趣横生地交谈，而且新话题源源不断的话——对我们的天性而言，是一种苛求。如今的人们与家人之间越来越缺乏沟通，这已是我们的天性。

❖ 倾听他们的感受

你跟家人、朋友在一起时，留神注意他们的感受，然后再慢慢开始聊天。他们看起来是不是快乐、满足、失望、挫败、生气、忧虑、兴奋、难过、不舒服？请根据你所察觉到的感受对家人、朋友做出适当的响应。这并不是说你也要变得忧虑、兴奋、失望，而是说如果对方焦虑、不快乐的话，你就不要谈到你最近的成就等快乐的事。

让他们告诉你他们的生活中发生了什么事，然后观察他们的情绪，把造成这种情绪的原因找出来。这个人可能谈到逛街、收到某个人的信、某位朋友的电话，还有他们晚餐吃了些什么。不过，当他们提到这封信时，他们的语调改变了，你就应该问问是怎么回事。

另一方面，如果对方因为好消息而显得兴高采烈，就算你并非整天都很快活，也要试着分享他们的喜悦。如果对方在一来二往的谈话中可以嗅得出其中的差异，那么他们就会体会到你的情绪，最后，你们双方都会从与彼此的谈话中得到许多满足感。

❖ 聊他们关心的事

问和对方生活有关的问题，不过不要听起来像个检察官或刨根问底的记者一样。一句简单的"你最近都在做些什么？"或"日子过得如何？"然后真心倾听就足以展开对话了。如果你得到的响应是"哦，没做什么"或"不怎么样"，就把问题缩小到特定的事情上，你可以问："你正在写的那份报告做得如何了？"或"你今年不是计划要去西西里岛吗？"或"上次我们聊到你正在看二手车。"

❖ 莫问隐私

不过，在提问时要尊重别人的隐私。你们彼此相当了解，并不表示你就有权干涉他们的每一个想法，要圆融。太多人认为，当他们和家人、朋友在一起时，就可以"为所欲为"。你与他们互动时，应该把朋友、家人当成是你的主管或皇亲贵族一样。

❖ **听弦外之音**

认真聆听，不只是听字面上的意思，还要听出话中的深层感受（弦外之音）。聆听是结交朋友及维系友谊的一个最有效方式。聆听并不代表什么话都不说，聆听在某种程度上是在告诉对方，你了解他们，你重视他们，以及你支持他们（请参阅第3章）。

光听字面上的意思是不够的（"詹姆斯和我上星期到圣弗朗西斯科度周末"），要听得出话语背后的感受是什么，周末过得很愉快？因为不如预期而显得混乱？这不是这个人平常会做的事，因此很紧张？

一个人要想成为别人的朋友，必须有个明确的过程，这个过程包括和他们聊天，以及一次性听他们讲上几小时的话。

在良好的对话中，双方都必须要对同一种感受产生反应。如果你在同一种感受层次上响应对方（"原来如此。"而不是"嘿，太棒了！我喜欢詹姆斯！"），就算是没有刻意说些什么（"你听起来很沮丧。"），对方也会觉得你听懂了他的话。

❖ **分享感受**

分享你的感受。不是分享你所有的感受，也不是时时刻刻都要这么做，而是家人、朋友就在那儿支持你，如果他们知道你发生了什么事，可以对你提供最大的支持。在心理学上来说，当你分享你的感受时，其他人往往也会分享他们的感受。

当人们不再愿意彼此吐露真正的感受时，这段关系就会毫无生气。

❖ **讲讲细节**

当你回答一个问题或讲述一些事情时，要提到细节、具体描述，使用生动的词语。这并不是说人们得坐在沙发或椅子上听你长篇大论，而是说简单地回答"是"或"不是"会让对话停住，讲"是的，而且……"这样才可以让话题继续下去。

我们分享生活中的每件事，重要的与琐碎的，而正是分享那些琐碎的事有助于建立人们之间的联系。

❖ 每天都分享

不要非得等到有大事发生，强烈的感受及伟大的构想出现时，才来跟家人朋友谈话，表达欣赏之意，建立关系。每天与他们分享，才能拉近彼此之间的距离。如果你想不出有什么话好聊，可以从过去的事情中去找。多数人都可以对一位感兴趣的听众说出一堆他们曾经去过哪里哪里的话，而这位听众所获得的回报就是知道对方会认为他们很大方、出色，而且还很珍贵。如果可以谈谈共有的回忆，那就更令人印象深刻了。

一段关系并非仅仅意味着一张保险证书、一个救生用具或一张安全毯。

❖ 多问问题

当你和某人的聊天难以继续下去时（尤其是这个某人是你已经认识了好几年的），可以问"要是……会怎么样？"的问题，他们的答案可能会让你及他们自己吓一跳。有些人喜欢这种沉思，有些人则会很不耐烦。如果对方似乎不感兴趣，那就不要勉强。不过，假如他们很感兴趣，你可以问：

"要是你现在可以买一件东西，那会是什么？"

"要是你现在可以改变美国或世界上的一件事，那会是什么？"

"要是你可以改变你过去的一件事，那会是什么？"

"要是你可以邀请世界上任何一个人到你家来度周末，那会是谁？"

"要是你可以知道你所有的未来，你想看到什么？"

"要是你可以说一种外语，那会是什么？还有，为什么你会选择它？"

"要是你下星期有100万美元可以花，你会拿来做什么？"

"要是你可以过另一种生活，你会想变成谁？"

"要是你可以许三个愿望，你会许什么愿望？"

"要是你赢了一张可以飞往世界任何地方的机票，你会想去哪里？"

另一种引人深思、富有想象力的问题则可以引来有趣的对话：

"你未来几年有度假计划吗？"

"你有没有想过从政？"

"你的母亲或父亲有没有对你说过什么充满智慧的、让你这些年来难以忘怀的话？"

"你相信巧合、超感应、手相、占星术、算命或相信有鬼吗？"

"你有没有做生意的哲学，或个人哲学？"

"你有没有想过参加通灵降神会？"

"你是怎么对族谱产生兴趣的？"

"身为一个单亲妈妈，你是如何把三个小孩带大的？我那时还不认识你，一直很想问你。"

"你会给刚从大学毕业的人什么建议？"

"你最近在期待什么？"

"你最生气人们做什么？什么样的人会让你抓狂？"

"这首曲子让你想起什么？"

"你最喜欢在下雨天做什么？"

"你对你的童年最深刻的印象是什么？"

"究竟是什么原因让你想当个画家？"

"你能想到最无聊的情境是什么吗？"

"你是怎么开始搜集汤匙的？"

"你第一次知道自己想从商是什么时候的事？"

"谁是你心目中的英雄？"

❖ **道歉要真诚**

每天，生活中都会有些不愉快的事，你可能和其他人产生了争执，或者产生了不好的感受，你要懂得真诚道歉的诸多用途及好处。在面对朋友及家人时，它可能是你建立关系的最佳工具之一。而坏脾气地、生气地说"对不起！我说对不起！"的糟糕道歉方式很难修补裂痕。要想恢复你们的友谊或亲情，可以试试下面的道歉方式：

"我该怎么做对你来说才恰当？"

"我同意，我太不顾及别人的感受。"

"我真的很抱歉。"

"我真的太不理性了。"

"我不知道被什么给附身了。"

"希望你可以原谅我。"

"我跟你一样，对我自己也很生气。"

"你会生气我一点儿都不惊讶，要是我，我也会生气。"

"我欠你一个道歉。"

"我错了，大错特错。"

"我太不为人着想了。"

"这件事完全没有借口。"

"不会再发生这种事了，我保证。"

"我这么做真是愚蠢。"

"你说有时我并没有认真在听你说话，你说得没错。"

不该干的……

在最令人沮丧及最危险的劝告者中，你会发现那些跟你最亲近的人，你最亲密的朋友及家人可能会很关心、焦虑，但却什么事都不知道。

❖ 当某些人正在告诉你他们的问题时，不要提供解决方法或建议；只有当对方具体、真心、不断地询问之后，你再提供解决方法或建议。原因是：用心聆听更有可能帮助人们解决他们的问题。

如果你在这方面非常在行的话，可以问个有助于梳理现状的问题。梳理现状的问题并不是说："你到底在想什么？"或"你为什么要做这种事？"而是帮助人们把自己的问题看得更清楚，这类问题如下：

"你对这件事觉得很激动吗？"

"这很困扰你吗？"

"你之前有没有做过？"

"如果不说'不行'而改说'也许可以'，你觉得如何？"

"如果可以选择，你会离开还是留下来？"

"你希望受邀一起去吗？"

"你认为他们想要什么报酬？"

"你最需要的是什么？"

"如果这笔交易失败了，你会觉得更宽心还是更沮丧？"

"你是不是不太想搬离这里？"

❖ 就算是家人、朋友也有他们自己容忍的限度，当每个人都失去兴趣后，不要试图独占整场对话，或坚持继续聊某个话题。很少人不会对持续讨论某个主题感到厌烦，无论它多有趣都是一样。

你要及时察觉人们是否想改变话题，人们对问题缺乏兴趣、眼神恍惚及忍住打哈欠（更多独占整场对话的讨论请见第8章）。

❖ 不要给一两个字的答复。例如说："你要来点儿咖啡吗？""不用。"最好是加上几句话，好让对话持续："不，我完全不再碰咖啡因了，你现在还是一天喝两杯咖啡吗？"对方可能会回答："是的。"不过，最好是可以再联结到别的想法："是的，不过这对我不会造成干扰，咖啡因会对你产生影响吗？你为什么要戒掉？"这么做的用意是将思绪漂亮地串联起来，一个连接着一个。

❖ 就算交谈很难，也不要放弃他人，我们在这世上并没有足够的家人、朋友可以让我们舍弃。当谈话进行得不顺利时，不要勉强，改天再试。

亲密的礼仪和正式的礼仪有很大的不同，不过，礼仪不只是表现给外面的人看而已。如果你触怒了饭店领班，可以换一家店，但要换一个家庭，可就麻烦了。

特殊状况

❖ 争论及讨论可以由其所伴随的激烈程度而加以区别。讨论通常都很理智、冷静及低调；争论则会让情绪激动、强烈，一点儿都不低调，它会带来不好的感受，让关系分裂。作家玛丽安·丹妮·鲍尔曾说："我直至长大成人之后，才意识到交谈与争论之间原来是有差别的。"

多数时候，回避是个有效的策略，如果一段对话看起来就要演变成争论了，最明智的做法就是放弃这段对话，换个话题或离开现场，要么就主动选择和别人争论。我们在生活中无法避免争论，不过应当把争论的数量控制得少之又少。

"循声吵架"这句话实际上是有根据的，有些人似乎在争吵时才觉得最有活力。这个时候，最好的响应就是拒绝加入，无论他们说什么，你都以点头、耸肩，发出难懂的咕哝声或"嗯"来答复。他们越是频繁地挑战你，你就越安静，一个铜板不会响，过不了多久，他们就会厌倦一个人的叫嚣了。

我们有的不是一段关系，而是性格的碰撞。

聊些什么……

也许有些人与家人、朋友在一起时话题源源不绝，他们脑子里的话题永远都不会干涸。不过，这种健谈的巨人毕竟不多，而他们似乎也不存在于我们的家人之中。有时，亲近会麻痹我们进行良好对话的感觉神经，这时我们得花一点儿心思寻找接下来要分享的观点或要问的好问题。当你想不到什么新鲜事可以说时，试试以下话题。

可以聊的话题

逸事、趣闻、意见、观察。

你或他们刚买的新东西或二手货。

感谢及祝贺——小事情及大事情。

书籍：最喜欢的、最近刚看的、看过一次以上的、从小最喜欢的。

他们或你的房子的变化，或你们碰面的地方。

当前的兴趣或计划。

特别喜欢的事物：餐厅、食物、假期、小玩意儿、电影、动物、电视节目、音乐、演员。

食物：正在准备的、最喜欢的、食谱。

园艺——如果你们双方都有兴趣的话。

嗜好或收藏。

彼此都有兴趣的议题：税、社会上的暴力现象、广告对年轻人的影响、环境。

笑话、游戏、扑克牌、象棋。

你或他们都观看过的电影、比赛或电视节目。

你们之中有人还不晓得的家人或朋友趣闻。

你们双方都感兴趣的报纸新闻。

把你们拉在一起的事件或理由。

宠物——如果你们都有的话。

下星期、下一季度、明年的计划。

最近让你们都觉得好笑的事。

你或他们都玩或观看的运动项目。

艺术——如果这是你们的共同兴趣的话。

你们这个地方的天气，它如何对你们任何一方造成影响。

你和他们最近在做什么。

工作的转换、新闻、有兴趣的事。

最好别聊的话题

建议：他们应该做什么。

吹牛或贬损其他人。

批评其他家人或朋友。

健康、疾病——除非你知道对方真正关心你的状况。

金钱——你或他们赚多少钱，东西值多少钱，全国经济萧条。几乎每个人谈到钱都很不舒服。

低级的笑话——除非你知道它们很受欢迎。

其他人的感情生活——说到这儿就请放低音量。

让其他人感觉不舒服的个人问题及真相。

你不认同的政治及社会议题。

宗教——除非是你们的共同信仰。

和其他人有关的秘密或机密的事情。

性。

提前告知图书、电影或电视节目的情节。

其他人没有兴趣的工作问题。

开场白

"自从我上次看到你之后，你的生活发生了好多事，聊一聊吧！"

"你看上去很健康！"

"先让我看看宝宝的照片。"

"见到你真好！"

"你的夏天过得如何？"

"我一直很想你！"

"看看你对客厅做了什么——设计真是太棒了！"

"还记得我们约好8点见面那次吗？我以为你说早上，而你以为我说晚上。"

"有什么新鲜事吗？"

"那位新邻居是谁？"

"所以你平常每天都在做些什么？"

"告诉我你到亚特兰大发生的所有事。"

"你那位会变魔术的朋友到底发生什么事了？"

"你最近做了些什么好玩的事？"

"你到哪儿把皮肤晒得这么黑？"

"我们何不多聚聚？这真的是件乐事。"

"你从没真正告诉我你一整天都在做什么——我很想知道。"

情景对话

和另一个人的沟通——它不是生活中最真实的事情吗？

与家人、朋友的交谈往往都是很愉快的，你可以尽你的职责，把球打回对方的场子，好让对话持续下去。通常还要再加个问题，如此一来，他们就得把球打回来给你。在这一来一往当中，你们就可以分享生活中的大小事情以及正面的感受。

如果他们说	你就说
"这里都没什么新鲜事。"	"我敢说你最近一定看了六本有趣的书，来嘛，跟我说说这些书。"
"我很好，你呢？"	"你真问着了，那真的很有趣，因为我上星期有一次奇特的经历，你一定会喜欢。"
"你还记得帕特·佛里林吗？"	"不记得了，他是谁？"
"你有没有找到什么新玩意儿可以放进你的收藏？"	"事实上，就在上星期我找到了所有收藏里面最独特的一种，如果你跟我谈谈你最新的茶壶模型，我就跟你说我的收藏。"
"我不太敢问，不过，这个工作有没有比较令人愉快？"	"没有，我不确定该做些什么，我有三种选择，告诉我你是怎么想的？"
"你在收拾办公室吗？"	"谢谢你问起！一直要保持公司整洁、有条理，实在让我很累，我给你看……"
"我听说你母亲过世了，节哀顺变，是否愿意再说说你母亲？"	"我真的很想谈谈她，大约三个月前，她打电话给我……"

结束聊天

"就先这样了。"

"嘿，真的很棒！"

"我一直很高兴见到你，真希望我们没有住得那么远。"

"我向来会在客房的床上铺干净的床单——过来看看！"

"我下星期二会打电话来问你看医生后的结果。"

"我下星期会再过来。"

"我爱你!"

"你和那位律师有了什么进展再跟我说。"

"下次我们在我家做这个活动。"

"没有人可以像你做得这么一桌好菜——我很快就会回来!"

"回头见了!"

"谢谢你让我有这么特别的夜晚。"

"写信告诉我你的决赛结果,好吗?"

"你对我很重要,保重!"

第11章
如何与陷入困境的人聊天

当人们陷入自怨自艾、沮丧、忧郁中时，他们自己很难迅速走出悲催的境地。因此，如果你不经意间就坐在他们身旁，倾听、倾听、再倾听，那么你就已经在尽你的义务了。

你和一位朋友、同事正在随便闲聊，或者沿着街边走边聊，或者正在等地铁时驻足而聊，但聊着聊着气氛却突然由"晴"转"阴"，聊到这位"悲催哥"的不幸离婚、财务麻烦、家人病况，得知对方深受伤害，而你这时该说些安慰的话了。

或者，当你参加遗体告别仪式、葬礼时，你该说些什么？怎么跟同行的人交谈？跟自杀者的家属说什么？你将如何与重病晚期、子女入狱、惨痛失业、即将手术的人交谈呢？

当你遇到其他人的困境、不幸——很难想象有人不会遇到这些事——你很想马上说出适当、得体的话来。

那些不快乐的人并不需要世界上的任何东西，只需要有人可以多关心他们一点儿。

与身陷困境的人聊天，并非就是寒暄，但它们往往会在寒暄中出现。你们正谈笑风生，突然提到了一个悲伤的话题，气氛急转直下，你根本不可能就此打住，于是匆忙地敷衍说："我们就聊到这儿吧，我该回家了。"

人们遭遇的困境通常有两种情形：一是他们并没有做错，而不幸突然降临（家人的死亡、被裁员、被施暴、被抢劫、遭遇车祸、突发火灾）；第二种是他们在不幸中扮演着悲催的角色（与邻居的口角纠纷、对不顺心工作的抱怨、与朋友或家人不和及冲突、工作上的纠结、债务缠身的苦恼）。

面对第一种情形，你要做的就是尽量倾听，而且怀着同情心，当他们倾诉身处的困境时，你可以低调地表达一些想法。

至于第二种情形，你尽量担当好朋友的身份，也许可为他们的困境指出一些能够厘清头绪的方向。当局者迷，有时人们会一而再，再而三地在困境中继续自找麻烦。虽然机会很渺茫，但旁观者清，有时，你的一些不太尖锐的提示却可能为他们眼下的纠结指出有希望解决困境的光明方向。

通常，第二种人偶尔会寻求金钱或其他方面的帮助，他们可能要你替他们向配偶或老板说情解围，向无理的邻居据理交涉，或借钱应急这个月的房租。由于你觉得这个时候帮忙可能会越帮越忙，或者由于你无法给予他们给力的帮助，你可能不得不陷入向困境中的朋友说"不"的尴尬处境。而他们觉得你可以出手，你又该如何解释呢？

运用你的常识及同情心，再加上以下能触发你灵感的一些建议，你完全可以证明自己是一位靠谱的朋友、真正的哥们儿。

该干的……

❖ 怀着同理心倾听

尽量让对方讲话，你要心存同理心、同情心，柔声细语地响应他们。而且在这个时候，你不要给建议、帮助或意见。这时你讲的任何话都只会打断他们想说的话，就让他们尽情地倾诉，一吐为快，尽情释放不快的情绪。如果需要的话，让他们一说再说，你千万别烦。

❖ 用沉默回答

如果可以的话，请不要这样回答："哦，不。""你一定觉得很可怕。""天啊。""真遗憾。""哎呀。""真糟糕。""怎么会这样。""你是说……"有时，沉默也是回答。当朋友向你提起一件悲伤的事情时，他们想要讲话，多数时候，你无须说鼓舞的话；这个故事很好，会自然铺陈到结束，或尽可能铺陈到结束。

沉默的治疗效果不亚于你说任何话、做任何事。你在沉默的同时，尽量让自己看起来很有同理心，把谈话重心放在对方身上，以示你对他们的同情、关心。此外，沉默也可以让对方继续一直不断地讲下去。

当别人的朋友，要深谙掌握正确时机的艺术。有时要保持沉默，让对方讲下去，让他们决定自己的命运；有时则是要在事情过后准备收拾残局。

❖ 如果事情很隐私，你要向对方保证不会说出去。

❖ 当朋友遇到挑战及不幸时，你想向他表达你的心疼时，你可以说：

"我相信你，一定会有好结果。"

"我想没什么比这更糟了，但我知道你一定可以慢慢恢复过来。"

"我知道你能挺过来的。"

"你把事情看得这么透彻，真令我佩服。"

"真希望这件事不用你去面对，不过你一定可以处理得很好。"

"你采取这样的做法，真的很明智。"

"你对事情有很好的掌控力，我知道你会没事的。"

❖ 试着听出并且回应对方的绝望、悲伤、困惑、惊慌、无助、紧张等深层次的感受。当一个人身陷困境时，所有的感觉都会变成负面的，而且，彻底的绝望有时可能让人产生自杀的想法。

❖ 试着提问题

千万小心，不要把提问变成责问（"你怎么可以这样？"）或刺探（"你有没有大哭？"）。如果是关于死亡的事情，你可以问一些有关死者的事，比如他们在哪里及如何过世的，对方上次看到他们是什么时候。

若是比较棘手的事情，可以问一些有助于对方从新角度看待自己的处境的中庸问题，比如说："谁可以在这件事情上帮助你呢？""你还有其他的解决办法吗？""你有没有知会什么人？""你想你可以怎么解决？""罗宾对这件事怎么说？""这是你所碰到过的最糟糕的状况吗，或只是一般的麻烦，还是从现在开始一个月内都不想再提到这件事？"

没有什么比好问题能更快地让人们面对及解决他们的问题。

不该干的……

❖ 不要说你了解对方的感受

首先，你真的不可能了解，因为你并没有处于相同的状态；其次，对方在某种程度上会对你这种说法感到生气。

❖ 不要假装同情或理解

虽然人们深陷困境之中，但是如果你用毫无诚意的空洞回应来敷衍他们，他们还是能够注意到。如果你没有特别感同身受，但想对对方表示支持，可以给他们一个拥抱，等他们稍后比较能接受谈话时，安排一个时间与他们聊聊。

❖ 不要改变话题

无论是死亡、金钱损失、破产或其他你觉得微不足道的事，都不要跟对方说"别去想它"，也不要试图改变话题。他们需要说出内心的感受，有时需要一讲再讲。这个时候，如果你让他们改变话题，往往是基于让你好过的感受，而不是让他们好过的考虑，因为此情此景根本没什么事可以阻止他们不去想它。

把话讲出来是人类的基本需求。

❖ 不要使用将悲情扩大或过度戏剧化的字眼，比如"真不幸""真悲惨""真可恶""我听过最糟糕的事"，而是要用对方用来描述他们的感受的同义词。

❖ 不要强调你自己的感觉胜过他们的感觉，比如："我昨晚一直想着你这事，一夜没睡着。"或"我也实在很烦。"让他们知道你感觉很不好是很自然的，但是应当只有他们本人才会有更深的哀伤和最强烈的感受。有些以自我为中心的人往往会站在自己生活的角度去完全反射每件事情。如果让对方听起来你比他们伤得更深，那会让处于困境的对方觉得身上好像有什么东西被抽离了一样，感觉更空虚。

❖ 不要对处于困境的人说教，比如讲些哲学箴言、陈词滥调、宗教语言、过分简化的解释、事件所蕴含的"意义"，或宣示上帝的旨意、神的存在或指引。如果你和对方都有相同的宗教理念，这也许会有帮助。然而，对多数身陷困境的人来说，似乎没有什么话可以带给他们安慰，有的人刻意用一些好像不相干或不适用于别人处境的话来安慰，只会把人激怒，适得其反。

❖ 不要根据你的朋友所遭遇的困境而试图教他们从中得到教训，教育他们，给他们的行为贴标签，说教、劝告或改变他们。改变只能发自他们的内心，由内而外。更有甚者，你这种"帮助"不只是惹人生气和不恰当，而且会导致完全不良的后果。

❖ 不要把"我的哀思"（这些词只有在死亡事件时才用得到）跟"我感同身受"（这个词也可用于死亡，同时也适用于那些遭遇火灾、水灾、暴风雨及其他自然灾害、抢劫、偷窃、暴力犯罪、失业、破产、个人挫败或其他不幸的人）搞混。

特殊状况

❖ 遇到死亡事件时，除了"我很难过"，你还可以向死者最亲近的家属讲些令人欣慰的话，聊起跟死者有关的故事、逸事、回忆或插曲，比如你是怎么认识他们的，他们对你的生活带来什么影响，他们的趣事，他们多爱他们的家人，大家多想念他们。

❖ 死亡之后的出殡、守灵、火葬、墓葬以及纪念仪式可能是最难谈话的地方，人们会在这些事情之前或之后站着谈话，而你也得说些话。由于唯一实际的话题可能就是死者及他们留下来的家人，因此你可以说：

"我父亲过世后，你哥哥曾经一个星期打一次电话到学校给我，你不知道，这对我的意义真的很大。"

"你知道吗？她每个星期二晚上都会到郊区的监狱去探望服刑的人。"

"就算失去太太和儿子，他也不会变得充满仇恨或沮丧，仍然宽厚、有爱心。"

"他以前会为没有保险的人看牙齿，然后'忘了'寄账单给他们。"

"我想，可能有很多人都认为她是他们最好的朋友，她就是让你有这种温暖的感觉。"

"她是寿星俱乐部的创始人，没有她，我真不知道我们该怎么聚在一起。"

"去世前两天，她还在给我们讲笑话逗我们开心。"

"你知道，他因为这个病已经忍受了好几年的治疗之苦了，但我想很多人根本不知道这件事。"

❖ 流产或早产看起来并不是那么悲惨，但是请记住，你要像对待失子之痛的悲伤父母一样，来对待这些失去胎儿的父母。不要说："你已经有两个可爱的孩子了——你要对你所拥有的心存感激。"或者"你还年轻——可以再试。"而最糟的莫过于"别这么难过，毕竟它跟你真的失去一个孩子并不一样"。事实上，他们的确已经失去一个孩子了。

❖ 宠物或陪伴的动物死亡对有些人来说是很沉重的打击，无论你是否了解这种情感，都要试着体会对方的痛苦，以做出适当的回应。如果对方心力交瘁，你就要为他们感到心力交瘁。记住，在事情过后的几个星期，问问他们过得如何，然后提一下这个动物的名字，说几件你记得跟它有关的事情。

向其他人提起他们钟爱的东西、人或地方，就等于赋予这件东西真实性。

❖ 当某个与你共事的人过世了，接下来的几星期办公室里的谈话都会因为这个事件带给大家精神负担。无论什么人说话大声一点儿，都会让办公室里的大多数人想起或至少偶尔想起过世的死者。不断和死者最亲近的人谈起这位逝去的朋友会很有帮助。在不会再引起新的悲伤高峰的情况下谈到这个人会让在世的人感到安慰。

❖ 若是自杀事件，你要像对待任何丧亲的家属一样，对自杀者的家属表现你的同理心。因为许多在世者会历经罪恶、拒绝、迷惑及社会污名的感受，他们需要知道你曾想起他们、在乎他们。虽然说"听到某人的死讯让我很震惊"通常是很中肯的一种说法，但在这种事件中要避免用这样的说辞。不要提问，也不要思索本来应该可以预防这件事，或一直想着这个自杀事件，重点是人已经没了，而死者的家人也悲痛万分。你应该要谈的是这个人如何在你的生命中发挥正面影响力，分享快乐的回忆，或传达你对痛失亲人的同理心。

❖ 向身陷财务困境的人说"不"，是个令人讨厌的挑战，你可能得拒绝一项借贷，因为你知道这么做只会拖延对方的问题，或者因为你当时手头的确没有钱。由于对方很可能是家人、朋友，甚至是熟人，在绝望的时候向你求助，因此你必须温和、老练及坚定。

当你拒绝这种请求时，你要使用你无能为力的措辞——以我开头的句子："我没有钱。"而不是直指对方性格缺点的措辞——以你开头的句子，例如："你知道，你没有办法按时还钱。"

如果你先说出你的理由，然后再拒绝——我这个周末不在，所以没办法帮你——也会很有帮助。还有，**拒绝的真正诀窍就在于坚定地重复你的理由，甚至不要改变你的措辞。无论你做什么，不要一个接着一个地提出理由，因为对方会反驳，强迫你给出另一个理由，然后他们又会证明这个理由不重要。你就是不断重复你认定的理由，直到对方终于接受为止。**如果没有回旋的余地，就不要做出一个听起来可以商量的决定，清楚地说"不行"，这个回答比较好。你可以说：

"我思考再三，这次实在帮不上忙，但我真的给你最大的祝福。"

"对不起，要让你失望了，凭良心说，我真的做不到。"

"我很想帮你，但是我做不到。"

"我很想说'好'，但又不可能。"

"不说实话我觉得很不舒服。"

"希望你有其他的安排，因为我们什么忙都帮不上。"

"希望你可以接受我的祝福，还有我无能为力去帮忙。不，没有商量的余地，不用再讨论下去了。"

"我无法担保，你得找别人。"

"我现在已经资不抵债了，也许你可以找别人试试看。"

"对不起，我真的做不到。"

"对不起，我无法解释理由，不过我帮不上忙。"

"我真的能体会你的请求，也希望帮得上忙，只是我做不到。"

"这是不可能的，珍妮弗。"

"拒绝你真的让我很难过，希望你找得到其他解决方式。"

"基于个人的理由，我无法帮忙。"

"我最近已经焦头烂额了，对不起。"

"真希望我做得到，可是没办法。"

"真希望我可以帮忙，但这个时候不可能。"

"真希望我不用拒绝你，莎拉，但这个时候我看不出来我有能力借你钱。"

"通常我会很乐意帮忙，但现在，我们自己也有负债。"

"我的答案是否定的，如果你不介意，我想保留我的理由。"

"这个时候我的工作计划表完全无法变更，希望你今天找别人来帮你看小孩。"

"对不起，我不认为我应该做这件事。"

"谢谢你问我，但是不行。"

"正常状况下我很乐意帮你，但是……"

"很遗憾，你在我特别困难的时候提出要求。"

"我们帮不了你。"

"我们的房子已经超贷了，所以帮不了你。"

"你能想得到，我很为难，还真是不行。"

"你知道我很同情你的处境，不过我就是帮不了忙。"

"你知道我很讨厌拒绝你，但我必须这么做。"

聊些什么……

一旦你知道另一个人很焦虑、难过或生气，可以选择的话题就相当有限了。当他们显然很痛苦时，你很难聊一些无关紧要的事。

你的谈话必须围绕着问题及相关的实际情况考虑，包括安排乘车去工作，列出需要打的电话，核实可用的资源，让其他人知道状况，安排与咨询顾问、律师、房地产经纪人、临时雇员、中介、医师及其他可以提供协助的人见面。

开场白

对方已经先开口谈他们的困境、悲伤或不快乐的事，所以你应针对他们的话题来回应，而不是自己开启另一个话题。

有帮助的话

"你有家人住在附近吗？"

"我无法想象你的感受。"

"我无法想象你是怎么熬过来的。"

"我不知道该说些什么。"

"我很乐意在你处理这件事的时候接手你办公室的工作。"

"我会想着你，为你祈祷。"

"我对这件事感到难过。"

"听到你的损失，我真的很难过。"

"有没有什么我可以做的？我真的想帮忙。"

"你花时间处理这件事时，我可以帮忙负责你的客户。"

"这对你来讲真是可怕的损失。"

"你一定要跟我们一起住，直到你确认房子救回来为止。"

"我想给你最大的安慰。"

不恰当的话

"至少她已脱离痛苦，不用再受折磨了。"

"至少你拥有了他18年。"

"你要为你所拥有的感到庆幸。"

"你还有一个小孩，应该感到欣慰了。"

"别哭了，明天会更好。"

"上帝绝不会犯错。"

"他现在在一个更好的地方。"

"他老了，而且已有过很好的生活。"

"我真不知道你要如何承受。"

"我的感觉比你更糟。"

"如果你保持忙碌，很快就会忘记了。"

"哦，我知道你的感觉。"

"也许这样最好——说不定这个胎儿有什么问题，这是自然会发生的事。"

"她现在一定好多了。"

"这其实是一种祝福。"

"不要气馁。"

"我有个朋友也有同样的遭遇。"

"我听说你没有好好处理。"

"上帝赋予你这个重担一定有他的目的。"

"就当作你从不知道有这个小孩。"

"这样也许更好，你知道的，在乌云中总看得见一线光明。"

"也许他死了也好，否则他可能会变成一个植物人。"

"活着的人还是得生活下去。"

"生活还是得继续，你不知道还会好过点儿。"

"时间会治疗所有的创伤。"

"事情发生时，你怎么不打电话给我？"

"你一定要为了家人坚强起来。"

"你知道的，你不是第一个碰到这种事的人。"

"你会熬过去的。"

"你必须继续过你的生活。"

"你还年轻，还可以再婚。"

"你早就该跟他离婚了。"

情景对话

你也许会像个鉴赏家一样斟酌字句，像画家一样润色修饰，但真正有影响力、令人激动、难以忘怀的却是从心底讲出来的那些话。

注意以下范例，你要说些很有同理心的话，然后再问个好问题，好让对话持续：

如果他们说	你就说
"可是我应该怎么做呢？"	"你已经提到一些做法了，我相信你会做出很好的决定，你今天打算做些什么？"
"接下来，我不知道……"	"再多说一点儿，当你听到这件事时，第一个念头是什么？"
"我的家人甚至不想跟我说话了。"	"嗯，所以你接下来要怎么做？"
"我刚听到我母亲过世了。"	"哦，不！听到这件事真难过，是怎么发生的？"
"我真的是心力交瘁，几乎不知道该往哪里走了。"	"是的，我想，你肯定会心力交瘁……你有没有跟罗比谈过？他向来都能说出一些有帮助的话。"
"你一定要帮我！"	"我们来列一张该处理事情的清单，你做过这件事了吗？"
"你是唯一能帮我的人！"	"嗯，我们来看看，你跟其他人谈过了吗？"
"根本没有生活下去的理由了。"	"我今晚可以过来跟你和帕特谈谈——你们会在家吗？"

结束交谈

"所有事情都会顺利的，不是偶尔如此，而是最后都会如此，你要坚持这样的信念。"

"如果你想到有什么我可以做的，打电话给我，白天或晚上都没关系。"

"今晚做点儿让自己舒服的事，好吗？"

"希望事情会有好的结果，我相信一定会的。"

"希望你的许多美好回忆可以在这段难过的日子里给你带来一些安慰。"

"我会一直想着你。"

"很高兴你跟我说这些事，我们明天再聊。"

"保持联系，好吗？我下星期会打电话来问候你过得如何。"

"让我知道事情的结果，好吗？"

"你克服过其他挑战，一定也可以克服这一个。"

第12章
如何与同事聊天

工作场合中的聊天要么可以激励士气、提高效率及促进团队合作，要么就摧毁这三者。人们常常忽略它，看不到它是影响公司里正能量或负能量的重要因素。

工作场合的聊天必须简短、浅白，原因很简单，没有哪个老板会花钱雇你聊天。除了公事以外，不要聊别的，快把公事处理完。

大脑是个奇妙的器官，它在你早晨起床时开始运转，直到你进入办公室为止。

虽然中世纪的意大利人文主义者马努蒂乌斯讲得很对，工作场合的谈话有其重要的功能，多数工作场合的聊天是有序的（例如有人打电话找你，你打电话找他们，或者你遇见了另一个人、一群人，你们讨论的是特定的事情），不过，当你停下来和他们聊之后，往往在这些零散的时间里会有好事发生。

可以这样说，我们所讲的话一半左右是在工作时讲的。时间就是金钱，别浪费生意人的时间来和你聊天。

这样一来，只要你想到聊天的好处就和备忘录、邮件、会议或电话一样，那么聊天往往就不是一种时间的浪费了。在友善的交谈中表达你的意思，你的负面感受更少了，从而理解更多的重点。

同事之间的聊天，以及管理层与职员之间的交谈，都可以激发观点、梳理现状，促进全公司人员的忠诚与合作。在这一章里，你将可以练就让聊天成为你开展工作的工具之一的能力。

建设性的聊天

你可以在聊天中间接地向对方传达你犹豫该不该直说的话。对于那些在工作上不时打断你的人，可以对他们说："我昨天把一些工作带回家去做，我家孩子至少每两分钟就打断我一次，搞得我很难专心。我跟孩子说：'听着，宝贝，当我看文件时，你来打断我的话，我会很难过。'"如果对方还听不出你的意思，下次他们打断你时，你可以直接说："哦，不，你比我家孩子还淘气！"

随着组织的成长以及日趋复杂，沟通也会变得更为僵化。在组织架构内部的人际沟通变得相当困难，管理层级、身份地位、角色差异、技术训练、人员更迭，以及劳工与管理层之间可想而知的观念差异，都会造成人际沟通上的难度。

从聊天中产生的点子，其力量不容小觑……有些最划算的生意就是在午餐桌上谈成的，有些最伟大的科学发现则是从年度会议中的闲聊中诞生出来的。

工作场合的聊天，特别是那些不经常联系的员工之间的聊天，有助于消除员工与部门之间的僵硬隔阂，比他们自己所处的小圈子更能创造一种合作感与归属感。

允许或鼓励员工之间直接轻松地交谈，有时能带来令人惊喜的收获，冒出更新的或更棒的点子。至少，在非正式的交谈中，不受威胁且轻松地分享观点，可以让所有人消除疲劳，带点儿灵感回到办公桌前。

理想的情况是，同一个项目组的成员或同一间办公室的同事有更多的时间来分享这类灵感。在正式会议中，除了正式的议程，也可以安排会议成员分享创意。不过，有时在闲聊中或者组织松散的交谈中激发出的点子会被提到重要的会议上来讨论。

在公司大厅里、开会前、晚上去停车场取车的路上，以及任何可以"缓和气氛"的场合中进行的聊天，都可以让你表达一些内心的想法，而这些想法是你不愿意通过便笺纸或是召开会议的方式来和对方沟通的。随意的聊天可以传递你对同事、老板及员工的期望。同时，你可以利用轻松的聊天来建立圈子，强化部门间的联系，让每个人都知道你认同他们。甚至，你还可以从中间接地协调最近某个会议中出现的紧张关系，或是解决一些小小的争吵。

如果你是老板，一天中如果有这种简短的谈话，你就有机会摸到员工的心思动向，把问题控制在萌芽状态，以便发现需要提醒的员工或者搞错方向的人。

在大厅里经过某个员工身边时说："事情还顺利吗？"他们向旁边望去，耸耸肩含糊地说："很好。" 你回来之后，就该找这个人面谈一次，然后从中发现他到底在面临什么问题。

有的员工可能会好强地说："我正在尽我的能力。"在开会时，如果事先没有这些短暂的交谈，等到你发现事情有什么不好的苗头时，为时已晚。

如果你发现某位员工以往总是穿一身休闲服，而今天穿了套正装，并且刻意打扮了一番，你可以说："嘿，你看起来真精神！如果你一直这样，将来我肯定得给你让位子！" 这比你送一张便条给他，谴责其穿着太随便要好得多。

好的交谈，其神奇之处就在于，除了播下数不清的思想之树的种子，它还让我们的很多混沌不清的创意一下子豁然开朗。

假设你的某位员工在抱怨公司或你的时候被你无意中听到并指责了一番，因而情绪低落，如果他能和看到他长处的人聊上几句，一定会受到鼓舞与激励。如果你把他叫进办公室讨论"态度问题"，结果可能只会事与愿违，不但达不到效果，还会让他变得更具戒备心，结果是你们双方都变得更生气。试着用轻松及正面的态度和他聊聊，在聊天中释放出一些认同及友谊的信号，这样能让因缺乏自信而萎靡不振的员工振作起来。

在工作环境中，假装人人都自动地得知他们的价值，只会带来士气低落。人们不只想知道他们做的事很重要，也希望他们的努力得到认同。

如果你在有其他人的场合赞扬某个员工，这样的赞美会起到加倍的效果。当然，你要注意，赞美一个人时不要偷偷摸摸地赞美，要让其他人都注意到。有些老板把对员工的赞美写在备忘录上，然后在公司传阅。如果是批评，他们则利用电话私下里单聊。

如果你对简短交谈的细微差异感觉够敏锐的话，就可以找出哪些员工对工作失去了热情，由于加薪或升职不成而心生不满，以及员工因为某个极糟糕的决策或很差的业绩而烦躁不安。

要解决这些问题，不能只靠聊天，但聊天的确可以指出正确的方向。

每当公司政策改变后，你得增加非正式交谈的时间。员工会敏感、暗中反对、心里产生不确定感，而来自管理层的一句温暖的话会产生奇妙的效果，让一切恢复到政策改变前的稳定状态。

只要方式得当，员工会达到你的期望。在谈话中，要让他们知道你传递给他们的信息，知道你对他们的能力印象深刻，知道你相信他们会做得更好。他们会尽力去证明你的看法没有错。

如果你自己是员工，你不必将问题反映在文件上，可以通过非正式的交谈来传递问题，或是你对直接领导的疑虑。例如，当领导问你："一切都还好吗？"你可以说："很好，很好，只是……我们部门的同事对新规定好像不太感冒。"

在当今的企业环境中，精通寒暄技巧比以前更加重要。

此外，你还可以向同事表达团队的感情，又不会显得高高在上，比如说："你带我们渡过难关，让大伙都松了一口气。""我一听到你的创意就很兴奋。"（如果对同事表现出高高在上的样子，听起来会像："你做得不错，伊凡。"好像你在对他做出评价一样。）

破坏性的聊天

我非常推崇这样的理念：办公室是个社交中心。

对公司的抱怨与批评，讲同事的八卦与坏话，表达对工作的不满与离职的希望，都会让聊天的效果形成破坏性。这种人可能只是不满足于现状，也可能真的在某个星期一早晨就不再出现了。然而，当这种人找到了同情他的人，开始散布他的不满情绪时，很可能就会扩散到全部门或全公司。

工作场合的不平等、危险及不合乎规定，则另当别论了。若有这种状况，你责无旁贷，必须要组织员工向公司反映。

身为公司员工，是不是要促成那种能让公司不断发展壮大的交谈，完全取决于你。如果你是老板，务必要和相关的员工讨论那些负面的想法。如果有同事开始谈论那些对公司的负面认识，你要么赶紧闪人（如果必要的话，你就打断对方，借机开溜），要么就说："我不确定是不是该同意你的说法，也许我们可以另找时间再聊。"

该干的……

❖ 除非工作所需，否则聊天务必简短与浅白。时间就是金钱，而你的时间属于付给你工资的老板。

❖ 如果可能的话，在每段对话中加进一两句欣赏的话（范例请见第2章）。你最好经常对同事提到，你有多么欣赏他们的努力工作，客户有多么称赞他们，或者告诉他们，他们最近的升职完全名副其实。不要担心你在重复，拍拍对方的肩膀，向来都会被接受。有效的沟通风格可以帮你在任何行业中获得成功。

你有必要花点儿时间注意别人的成就，无论大小，这样一来，当你碰到他们时，就不用忙着找可以称赞的地方。相互欣赏的公司文化可以奇妙地创造出生产力、对公司的忠诚度，以及源源不断的正能量。

除此之外，虽然没有人喜欢事先设想到麻烦，不过获得欣赏的人确实不容易主动发起挑衅。而且，当冲突发生时，他们也比较愿意担负起协商的责任。你要把眼光放长远，为未来寻找盟友，一定要真诚，而不是自私地奉承。多数人都清楚这其中的差异。如果你能养成一种态度，认为你所遇见的每个人都会全力以赴（无论看起来是否真的如此），而他们也渴望所有你渴望的事情，比如幸福、健康、生活上的一些小惊喜，那么你就可以带着自信与成功来传递令人鼓舞的正能量。

❖ 你希望你的老板怎么跟你说话，就要怎么跟你的下属说话。这件事说起来容易，但做起来很难，因此你必须偶尔测试一下你的管理方式，看看你的态度是否会引起下属的抗拒，或是可以提高效率与士气。

❖ 找出你和对方之间的共同点，并且强调你们都认同的东西。在工作关系的交谈中，有时你必须表达不同的观点，不过在非正式的交谈中，强调你和对方有多相似比较重要。你们可以聊不具机密性的公事、业余的公司活动或者分享工作以外的兴趣。

❖ 要特别关心新来的员工，他们比我们其他人更需要认同感与归属感，你可以说：

"如果有什么需要我帮忙的地方，尽管开口。"

"希望你在这儿可以像在家里一样自在。"

"很高兴见到你。"

"在我看来，你做了一个很棒的选择。"

"很高兴你加入。"

"让我知道该怎么帮你尽早进入状态。"

"这里是你安定下来的好地方。"

"欢迎入职。"

"等你有空的时候，我介绍你认识部门里的人。"

寒暄是建立及促进生意关系的不可或缺的一件事，在谈生意的开始及结束之时，一定要做点儿简短的寒暄，让彼此的关系更人性化。

不该干的……

❖ **不要当个否定者，这样不但会让其他人觉得自己人微言轻，也不是激发创造力的好办法。**那样的话，你是在假定人们很快就能发现他们想法中灰暗的一面（如果有的话）。批评得太多，将让你不受欢迎，这种负面的态度不太可能帮你想出做事的新方法。当你把信息、研究报告、思考周密的论点都拿到台面上大家一起讨论时，对于找出问题的症结会很有帮助，但如果只是习惯性地反对新构想，那就毫无建设性。**要是你不知道什么样的人叫作否定者，下面这些就是这种人常讲的话：**

"我不喜欢。"

"我不觉得这会奏效。"

"我不这么认为。"

"如果你想尝试的话（叹气），尽管去做，但我不认为你有什么机会成功。"

"这会花掉太多时间。"

"当然，这由你决定，但我个人认为……"

"这个成本太高了。"

"这没用，它不可能成功。"

"没有人会这么做。"

"哦，好啊，好像可以吧。"

"有人要受伤了。"

"当然，只是有笔钱要打水漂了。"

"这绝对行不通。"

"已经有人试过了。"

"这整件事都建立在错误的假设上。"

"你称这个为创新？"

"你可能认为这是个新办法，不过，让我告诉你……"

建立组织里所有层级双向沟通畅通的文化——贯穿整个组织的一种态度、习性与习惯——是无可取代的，在这种文化之下，必须毫无保留地传达两种信息：一是你会得知所有发生的事情，二是你的意见会被听到。

❖ **不要使用带有负面含义的字眼或腔调。**几乎任何一些字即使以正确的次序串联在一起时，都有可能惹恼某人，有时则是马上让对方变得激动。例如，"但很明显"或"很明显有个问题"或"答案就在眼前"。如果状况真的很明显、很清楚，那么对方一定看到了，你是在暗指他们笨吗？如果你是这样认为的话，那么他们也会知道。

❖ **不要讲"你好像是认为""根据你的说法""你声称"及"如果你说得没错"这样的话（这些话有暗指对方说假话的意思）。同样地，"你必须同意"或"至少你得承认"，也会让对方不想同意或承认任何事。避免说者无心、听者有意的唯一办法就是时刻注意你自己说的话，同时观察对方的反应。这样，你就会很快知道哪种表达方式会让对方变脸，哪种会让他微笑。**

员工并非你的家人，甚至也不是你的朋友，不要把私人的情感或关系带进公事里。

❖ 不要提及私事，除非它们真的和你正在讨论的公事有关。有些公司会培育家庭风格的公司文化，每个人都知道所有员工的私事。如果这是个根深蒂固、全公司皆然的习性，你就得适应。不过，一般来说，个人的私事并不适合放到工作场合来说。

❖ 避免谈论敏感或有争议性的工作话题（可能的裁员，某人工作干得不爽，有关新员工的谣言）。这种话题向来会回过头来伤害你，你应该把它留着跟一两位既是好友也是同事的人说说就好了，同时，也应该等下班以后再说。

❖ 如果你在管理部门、接待室或任何迎接顾客的区域工作，要完全避免非正式的交谈，正在闲聊的员工会给公司带来负面的形象。

在零售业里，真的无事可做的时候，销售人员可能会聊天，这可以理解，但最大的禁忌就是，顾客上门的时候你还在跟别人聊天。这时应当立马打住，即使一句话或一个字你只讲到一半。

特殊状况

❖ 如果人们是在对着自己说话，那么很明显，他们宁可自言自语，也不去想工作这件事。然而，如果他们是对着正在忙碌工作的你说话，就会造成两种后果：你会因为无法做你的工作而感到困扰；你可能会被冤枉该做事的时候却在聊天。你可以试着说：

"嘿，正好！能帮我把这些盒子送到收发室吗？"

"我忙得真是一秒钟都停不下来，顾不上说话，一会儿再说好吗？"

"我现在真的不能停下来说话，这件事昨天就该完成了。"

（然后无论对方离开或是说："只要花一分钟就好。"你就回来继续工作。）

"等等，等等，这批东西今天就得发出去。"

"不不不，不要现在，威尔，我没办法说话。"（继续工作。）

"噢，太好了，隔壁的里奥正在找人帮忙整理邮件，我跟他说你现在有空。"

"糟糕！时间不对，我现在没空！"

"嘿，如果你没有事情做，可以帮忙处理一下今天的资源回收吗，我没有时间弄。"

"看到你，我一下子想到我得打个电话给人家（拿起电话，随便拨个号码），我可以等会儿再跟你聊吗？"

"你等一下再过来好吗？我正在忙。"

偶尔，某个反应特别迟钝的人甚至对明确的"走开"信号都会充耳不闻，那你可能就得直接说："听着，珍妮，我没办法在工作时候讲话，这会让我很紧张。我现在吃胃药，我想都是因为你这个干扰闹的，我们下班后再聚，因为像这样停下来讲话，真的让我很不舒服。"不断地重复说："很抱歉，不过我无法在工作时跟你聊天。很抱歉，不过我真的没有办法一边工作一边跟你聊天。"

❖ 无论对方是经营着数十亿的公司CEO还是你的直属主管，跟公司里职位比你高的人讲话，往往都会伴随着不安。你的态度应该是恭敬但不卑不亢，自信但不放肆。

一开始要称呼上司的全名与头衔，直到他们请你称呼他们的名字为止。由上司来引导对话，如果似乎该你讲点儿什么时，可以加进一些新颖的想法或特别的题材，由对方决定何时结束对话。这些象征长幼尊卑次序的信号很难捕捉，但却很重要。

❖ 如果你注意到某位员工或同事刚刚遭遇财务上的损失，或者说病后康复回到工作岗位上，你可以说些什么话，以示你了解他的状况，如："希望一切都好，如果需要帮忙，告诉我一声。还有，祝贺你渡过难关。"如果你觉得恰当的话，向他们保证你不会对别人提起这些事。

❖ 当同事痛失亲人时，你可能想说点儿安慰的话。不论你说什么，总要好过什么都不说，无论你觉得自己看起来有多别扭。对方会记得你的体贴，但绝不会想起你真正说了些什么。

❖ 玩笑话可以在短时间之内制造愉快的气氛，不过在工作场合，开玩笑必须慎重，而不能低俗或带有偏见。就算你讲了有关弱势群体或是掺杂着脏话的笑话而引起了哄堂大笑，人们还是会对你在工作场合讲这种不当的话产生不好的评价（如何及何时讲笑话请见第6章）。

聊些什么……

谨言慎行的重要性会随着你与组织高层的逐渐亲近而提高。

每种指导方针都一定会有例外，因此你要利用自己的敏锐度，判断什么样的话题适合你的工作场合、适合眼下正在跟你交谈的那些人。

工作场合交谈的指导原则就是，没有人付钱请你来聊天。这和放松、随意漫谈各种话题的社交场合不同，工作场合的交谈主要是一种桥梁、联系，一种让人从这个工作接着做下一个工作的愉快方式。

如果你在大厅遇见某人，寒暄一番之后，你会感觉友善很多。如果你正在办公室外等着见某人，和在场的人闲聊几句也是很自然的事。当你早上进办公室及下午离开时，和一块儿上下班的人闲聊一番，也是很能拉近距离的方式。

工作场合的交谈通常都发生得很匆忙，你可能正在走路、等候或手头正忙着做事。在一天的工作时间里面，有很多琐碎的时间可以进行友好的交谈，这是真正的"寒暄"，讨论公事则又另当别论了（它们通常叫作"开会"）。

政治话题不适合在工作场合聊。当然，我们都有言论自由，但聊到政治话题会让气氛变冷，首先分散了人们对工作的注意力，其次会引发潜在的冲突与不舒服的感觉，会给整个办公室带来不安全感。

身居管理岗位的人应该避免表达他们的政治倾向，这会给员工带来过度的压力。有些热心公益的企业会鼓励员工去投票选举，也有的公司放一天或半天假，让员工去投票。因此，最好让政治远离办公场所。

可以聊的话题

逸事、新闻、爱好、观察。

图书及电影：最新上映的电影或你看过的书，对方看过的电影或最近读到的书。

健康：午休时候的慢跑或健走，邀对方一起去附近的健身中心，谈最新的健康新闻和餐厅推出的有健康概念的新菜色。

嗜好：你怎样养猫或者养兔子，询问对方是否对邮票、收集贝壳、钱币或者加入书法社团的活动感兴趣。

当地的事物：你推荐或是想知道的餐厅，请对方推荐房地产经纪人、理发店或美容院，谈论正在兴建的小区电影院或新架设的停车标志。

报纸（不过，不能是政治或有争议的议题）：奇闻逸事、社区相关新闻、明星趣闻、连环漫画。

运动：最近的比赛、新闻里的体育名人、即将来临的比赛、世界杯或其他大型比赛的预测、公司举办的年度篮球赛。

周遭环境：交通或停车问题、建筑物的整修或改变、与公司新政策有关的实际问题。

气候：创纪录的高温或低温，以及今天早上的气温对你的汽车造成了怎样的影响，昨天的气温又怎样影响到你家的室温并影响到你的睡眠，对气候的简短描述，与气候相关的回忆。

最好别聊的话题

任何抱怨。

机密的事情，就算你认为对方知道了也一样；批评公司其他人或公司文化；讲同事的八卦或谈论同事；问对方唐突的问题；猥亵地谈论其他员工；政治、宗教、性及争议性的市民议题；贬损和你共事的人；薪水——你的或其他人的；一些你拍老板"马屁"的话。

公司或老板做得不对的地方，即使是在你知道其他人也认同你的观点时，你也不应该谈论这些。

你自己较差的工作业绩，存在的问题和缺点。你个人的事情：家庭、健康、问题；你盘算中的离职计划。

开场白

"这个周末有什么计划？"

"你认为今晚的比赛谁会赢？"

"你是不是皇马的球迷？"

"你这个周末会去看帆船大赛吗？"

"你今天心情如何？"

"今天你的电子邮件系统有没有出问题？"

"你开车上下班吗？"

"你一直住在这一区吗？"

"你在这儿工作很久了吗？"

"嘿，最近如何？"

"嘿，吉娜！计算机室今天发给我一个数据，我想你会有兴趣，我明天发给你。"

"嘿，一切都顺利吗？"

"你怎么知道今天要带伞？"

"你过得如何？"

"你今天过得如何？"

"你的假期过得如何？"

"我注意到你车上有滑雪板架——你通常都到哪儿滑雪？"

"我经常看到你，但我想我们还没有自我介绍过，我的名字是法雷·威森。"

"嘿，我听说你的专利申请通过了，恭喜你！"

"这是我到这儿工作的第一个星期，你能告诉我附近哪儿有健身房吗？"

"你对新的停车规划有什么看法？"

"工作得很晚？"

情景对话

在许多种类型的谈话中，你的回应目的在于让对话继续。他们说点儿什么，你说点儿什么，然后再加个问题，把球再抛到对方手上。在工作场合中，你的目的不在于延长对话，因此，你接话的内容有点儿干，只是向对方释放出你的善意。如果你们的对话谈到一些需要加以讨论的事，把它放到下一个阶段，抽出时间和对方安排一次正式的交流、会议。

如果他们说	你就说
"我只是来交我的报告。"	"太好了！你工作很认真，完成这份工作一定让你松了一口气。"
"事情都很顺利，我想。"	"两点左右要不要来我办公室坐坐？我们好久没有聊一聊了。"
"嘿，一切都还好吗？"	"没什么可以抱怨的，你呢？"
"恭喜你赶上格蕾丝的截止期限。"	"谢谢你提起这件事！我们真的很高兴，好险。"
"你知道谁把我惹火了吗？丹尼惹火我了。"	"丹尼？他一直都说你很好，我还蛮喜欢这家伙的。哦，我得走了，明天见！"
"我很担心这份新合约。"	"我也是，我们何不打电话上去，看看能不能跟汉克谈谈？"
"你的感情生活如何？"	"如果你不介意的话，我从不谈论这个。"
"我真讨厌在这种下雨天回家，全家人都会待在屋里，孩子们就会吵架。"	"是吗。"（语气呆板）

结束交谈

在公司的环境里，很少会有冗长的交谈，结束谈话时也一样：

"明天打电话给我。"

"再次恭喜你获得升职——每个人都很为你高兴。"

"下星期打个电话给我，好吗？这是我的名片。"

"祝你的新计划顺利。"

"我会请佛德瑞卡打电话通知你这个信息。"

"我下星期再来找你。"

"下次开会再见。"

"很高兴能跟你聊上几分钟。"

"结果出来时告诉我一声。"

"晚点再聊。"

"下周见了。"

"保重。"

"保重！再见！"

第13章
如何在会议中交谈

我不知道有多少人的墓志铭是"死于会议过多"。

每一天，全世界都要召开好几百万场会议，鉴于此，今天要参加三个会议的你对会议有点儿什么看法呢？

有价值的工作不只是通过会议才能完成，还可以通过工作汇报、小组讨论、会议与专题讨论会及研讨会前后的沟通，以及会场休息时的非正式交谈来完成。

当你和某人一对一聊天时，比在多数时候由他人掌控的会议中更容易取得实际结果。此外，你也可以在两人、三人或四人的小团体中发表你的看法，或是运用你的智慧及观点来打动他们。这些跟别人都在讲话或者热衷于讨论某个议题相比，会让你更容易被他们记住。

为了在会议上表现出色，你得看起来很敏锐、专心聆听，带着有备而来的提问，或是在对话中令人印象深刻。如果你无法加进有用的内容，那么最好什么都别说，这样让你看起来显得很聪明。

让自己看起来有自信、泰然自若的方法就是真的相信自己有能力遇事不乱，兵来将挡、水来土掩。在当今的社会，你看起来很有能力，几乎就跟你真的有能力一样重要。事实就是这样。当然，希望你表里如一，不过最重要的是，你要相信自己有能力。

最糟糕的表现就是犹豫不前，一直想着之前的失礼与愚蠢。在这种阴影下与人交谈，就好比搬起石头砸自己的脚。

创造美好的第一印象所耗费的精力远不及摆脱之前不好的第一印象所耗费的精力。

即使你之前犯过几次错误，社交效果很不给力，但说错话办错事是人之常情，我们每个人都会如此。忘了你的失礼，带足自信，全新开始下一场会议。

无论是策划、报告、评估、决策的会议，还是解决问题的会议，都不会完全只谈公事。简短的评论、俏皮话，意外消息宣布后不自觉地喋喋不休、喃喃自语，以及对决策不满意而跟邻座的私聊，都会让会议变得更好或更糟。但是，你想见到的是让会议效果变得更好。

会议的长度会随着参与人数的增多而增加，而其成果则会随着参与人数增多呈反比下降。

内部会议的所有与会者你全部认识或至少认得大部分，但在研讨会、大型会议、专题研讨会等非内部会议中，有些人可能来自你的公司，但大多数都是陌生人，你和他们的对话取决于你们是初次见面还是之前已经认识而有所不同。

如果你正在策划一场会议，请记得预留一些交谈的时间。在这些短暂的时间内，可以鼓励一直找不到机会插嘴的人讲讲话，或者抢在爱挑剔的人之前发表意见、寻求支持。如果他们愿意发言的话，这可以提高会议的效率。

有太多会议计划得分秒不差——这很明智，也很符合成本效益，不过，你还是可以为会场上的突发状况、意外发现、特别事件预留一些时间。在会议之前随便聊聊，可以起到刺激及提升会议效率的作用，同时也可以和接下来的会议架构做个良性的对照。

该干的……

❖ 最成功的会议往往让与会者有一种掌控的感觉。无论你正在策划或即将参加一场会议，一定要努力营造这种感觉，也就是说，这场会议对你很重要，你对这场会议也很重要。要利用会议之前的时间营造这种氛围，协助策划、布置及安排会议的人，越多越好，同时以愉快的气氛小心引导会议里的谈话。当你让人们参与策划会议时，这场会议就变成了与会者打成一片的即兴演出。

❖ 利用会议之前人们在倒咖啡的几分钟时间搞一次非正式的小型民意调查，比如这样问与会者："你希望今早的会议有什么样的主题？""你认为我们真正的问题在哪里？"如果你正在协助安排会议，这么做可能让你获得一些新的启发。

❖ 如果你知道有些与会者沉默寡言，他们害怕自己讲话的内容很没分量，那么和他们好好聊聊，多鼓励他们。你还可以透露一些信息，如主办单位是谁，已决定做哪些建设性的事情，有意见的人可以在会后填写意见评估表。除此之外，主办单位会征求所有人的意见，而不是只对那些掌握发言权的人做响应。

❖ 你可以用一句话来挡掉你在以前会议中所遇到的问题。如果你的小组中有人不断插话打岔，那么，解决这个问题的最好办法是，单独和他到大厅里进行一场简短的非正式交谈。

他们第一次打断时，你可以说："嘿，马库斯，让斯威尼说完。"如果你每隔一段时间就要说一次，等到会议上这种打断的行为够多了，你可以温和地说："马库斯，你怎么又来了？"

这听起来很友善，很像是圈内人说的话，但又可以让马库斯觉得够尴尬，从而不再打断你。你可以对那些老是催促别人把话讲完、没有耐心的人采用相同的策略。

对于那些喜欢在会场跑来走去的人，利用会议开始前的这段时间好好聊聊，并且暗示他们在会场中进进出出会让其他人分心。

我了解，人们在处理事情时花在应付人上的时间与精力，远比花在应付事情上的多。

至于那些咄咄逼人、用声音盖过别人，并且老想着主导讨论方向而掌控会议的人，你可以在会议前几天先和他们简短地聊一下："贝弗利，会上你一定有些话要说，不过我也想听听珍妮讲些什么。"把某人叫进你的办公室，明确表示，这种习惯可能会让议题变得更复杂。另外，有时可采用一些预防措施，阻止人们的行为，而不需要用复杂的暗示。在会议上，当有人又开始试图掌控会议进程时，你可以说些不带挖苦的话来提醒。

大声讲话的人很常见，所有会议中都看得见这种人。

对于比较棘手的状况，你可以用间接的方式说："你有没有注意到罗宾、迪恩和费兹在会议上很少讲话？我们要如何鼓励他们多发表意见呢？""我觉得我们在会议上没有听到每个人的意见，是否要求每个人至少贡献一个点子呢？""我不知道是不是应该设定每个人的发言时间，我想多听听那些从不开口的人的意见。"

❖ 进入会场前，请把手机关掉。在大多数公务场合，手机是不必要的，如果你之前遇到过手机声音干扰会议的问题，可以在会议开始之前先宣布："请把手机关机或调成振动。"

❖ 如果你协助策划或安排一场会议，可以设想一下如何充分利用会议开始前的几分钟，以便大家对会议的目标心知肚明。提供齐足的咖啡与点心，让人们心情愉快、补充水分。让与会者知道他们在进行会议之前有几分钟时间可以聊天，如果他们不知道，他们就会迟迟不敢与人聊天——而这段闲聊可能会是很有用的交流。

❖ 同样，细心地策划会议后的气氛或活动，好让会议成果更为具体。你可以在跟别人交流时说："你觉得这场会议进行得如何？""你有没有不满意的地方？原因是什么呢？""有没有让你感到高兴的决定？""这场会议有没有出乎意料的事情？你发现了什么吗？"

你可以分发意见调查表，但从会后的轻松交谈中所获得的信息可能更加有价值。当会议进行得不顺利时，人们会带着挫折感回到办公桌前或工作岗位上。事实上，无效的会议开完之后，有很多时间被浪费掉，而与会者在会后也将变得效率低下。要获得员工的生产力、创造力、效率、参与感及承诺，其中一个重要关键就在于高效的会议。在会议前后所进行的交谈可以让你获得一些重要的灵感，好让下一场会议进行得更顺利。

❖ 商业文化对错误、灾难、无知及混乱并没有太大的宽容，至少对公开的错误是如此，正因为如此，对任何人来讲，承认自己的失误是很难的一件事。

在会议中，你可能会因为自己不知道某个问题而觉得很尴尬。但你要记住，对多数人来说，这都不是个事儿。如果事情出错时，你给人的反应是恐惧、惊骇或尴尬万分，那只会让你的无助更加引人注意。

反过来，你可以说："我暂时不知道答案，不过我会研究一下然后再回复你，好吗？"或者说："我不确定哪边出了差错，不过这种事不会再发生。"如果你向来都遵守承诺，那么人们会信任你，他们信任你的程度会比对那些声称自己很容易做到十全十美的人或者声称自己可以回答所有问题的人还要大一些。会议是个让出错者难堪的公开场合，但如果你镇定地处理，很少人会记得这件事。

❖ 从会议前的简短交谈中产生的美好感觉，让其他人看起来很好，也会让你看起来更棒。在你赞美别人之前，先想一下如何区别奉承、讨好与真诚地欣赏。

如果你想得到对方的注意，那就针对对方的主题提个问题。在你全神贯注聆听之后提出好问题，表示你很重视他们所讲的话。很少有人抵挡得了全神贯注背后所隐含的奉承含义。

表示你对他人欣赏的方法还包括介绍他们给他们不认识的人，这意味着你很荣幸向你认识的人介绍他们。此外，你还可以邀请他们加入谈话，说"杰克，你一分钟前也这么说过"，以表示你在认真聆听了。

❖ 会议前这几分钟的轻松时间可以让你获得与工作同行的士气、态度及人际关系有关的宝贵信息。你可以发现谁被谁吸引，谁被排除在圈子之外，哪一群人气氛愉悦且很满意，哪一群人又眉头紧锁充满着抱怨。这些自由时间可以让员工回到一个可以轻松交流的状态，可为察觉团体动态的人带来启发。

根据一项最新调查显示，办公室的秘密消息来源75%～90%都是正确的，而且比正式的沟通更能为经理和职员提供更灵通的信息。管理层应该调整这种消息来源的频率，而不是压制它。

不该干的……

❖ 观点没留到会上再说

当你正站在会议场合等待会议开始时，一定要憋住，不要现在就谈论你在专业或技术上的观点。这个时候，你所讲的话不会被记录下来，而你的观点可能暂时保留在听者的脑海里，也可能被听者拿走，而这些观点并不属于他们。

有些人很擅于融合两个观点，特别是当其中一个观点属于别人的时候。巧合的是，这种人似乎总是比实际拥有这些观点的人还要积极、直率。因此，他们很可能厚着脸皮在公开的讨论会中陈述"他们的"观点，而一旦某个观点在会议中被报告出来，它就永远会和报告它的人连在一起了。

让你口袋里的创意被别人拿走的，最可能的地点是会议室……一旦这个创意被释放到空气中，就变成公共资产了。

有些人是真的不记得某个创意是从哪儿听来的，但因为它出现在他们的脑海中，就想当然地认为这是他们自己想出来的创意。如果你告诉他们，这个创意不是他们原创的，他们会很惊愕，而且是很无知的惊愕。

如果你无法为话题加分，那么就不要利用多嘴来减分。

在办公场合设置一些区域，让大家能够集思广益、分享观点、联络同事感情，是很恰当且必要的一件事。然而，把某个新颖或你未曾告诉别人的创意透露给部门以外的人知道并不是个好主意。你要把这个观点留到会议上，会被记录下来的时候再说。

一个委员会能有多么杰出，完全取决于委员会中最博学多才、最坚决果断、最精力充沛的委员。给委员会带来绝妙主意的一定是这样的人。

❖ 抱怨会议

不要抱怨会议的数量、类型、计划或安排，至少不要在会议举行之前或之后抱怨。你可以等到远离与会人士之后再抱怨，因为你很容易被偷听到而被贴上"不满现状"的标签。许多人不喜欢参加会议，但实话实说，这样抱怨会议对你一点儿帮助都没有，还会让你和其他努力忍住怒火、不会像你那般说出这种话的人比起来，显得更爱发牢骚。

❖ 别只是为了讲话而讲话，与其讲些只能证明你无知的话，倒

不如保持安静，让自己看起来好像万事通的样子。说些愚蠢的话跟什么都不说相比，付出的代价更大。另一方面，在任何一场对话中，你要努力至少发表有用的或让人印象深刻的评论。

❖ 在等待会议开始或会议结束后大家缓慢离开时，你不要和整天跟你腻在一起的那群熟人走在一起，要和其他人交流。这是你和其他人接触，也是和你平常不会见到的经理人聊天的大好机会。

你可以出于友善和那些无法给你加薪升职或在工作上给予你帮助的人聊一聊。虽然这些人可能无法回敬你的友善，但其他人可能会。此外，这也是件该做的事。

特殊状况

❖ 当你参加有其他公司成员参与的研讨会、大型会议或讨论会时，必须特别警觉，处处留心，千万不要谈论机密的事，而且一定要为公司带来良好的形象。在和别人交谈时，你可以说：

"你对我们最后那位演讲者提的那本书熟吗？"

"你希望从这场研讨会中获得哪些特别的信息呢？"

"你每年都参加这个会议吗？"

"你知道可以从哪里获得详细的大纲吗？"

"这些人当中有很多你都认识吗？"

"你之前有没有参加过这个研讨会？"

"你到这里有没有四处去走走？"

"你一直都待在这个行业吗？"

"你有没有听说过下一位演讲者的情况？"

"你为贵公司工作多久了？"

"你的小组中有多少人来参加？"

"我对贵公司不熟，可否介绍一下贵公司的背景呢？"

"嘿，这附近有家很棒的餐厅，走路就可以到，我跟每个人都提过，因为它真的很棒。"

"前几天有人问我，我会给这一行的新人怎样的建议，我一直在想这件事，你有什么想法吗？"

"这个工作哪个地方吸引你？"

"贵公司的愿景是什么？"

"这场研讨会你最感兴趣的是哪个部分？"

"你住在哪里？"

❖ 现在，大多数想保住职位的人都知道，不要和同事、经理卷入纷扰的争执或狡诈、持续不断的争吵中。另一方面，却也有很多人不知道。

如果你在人际关系恶化并摧毁你的部门之前，及时赶上这种错误的竞赛，你可得去自救，省去事后收拾残局的麻烦。

你可以把两个人叫进你的办公室，讨论他们之间的敌对状态，但这可能不会有效。就像小说家桃乐茜·沃尔沃思所描写的夫妻一样，他们虽然和解了，但却留下了浅浅的、明显的裂痕。

此外，你也可以下达命令，要求他们立即停火、自我克制，但这种强制力并不能触及问题的核心。就如同人际沟通专家德博拉·坦嫩所言："把头敲碎，也不会让他们的心智打开。"

你应该私下和每一方低调地面谈，展示你的善意，为这个话题提供友善的情境，稍微掩饰一下你想讲的主题。你可以提及几年前有两位员工无法和平相处而最终双双离开的遗憾结果。或者，你可以对每一方都转述专栏作家安妮·兰德斯的说法："一个铜板不会响，说得最多的那一方就是错的那一方。"

此外，你还要记住好问题的重大价值。以听起来不带责难意味的方式，请他们对你讲出他们的感觉、想法以及他们和对方之间的问题。有时候，某人所需要的只是有人能够认真倾听他们说话，好让他们从僵局中跳出来，这很神奇却又千真万确。

要从争吵中获得最好的结果，唯一的方式是避免争吵。会议开得过多，你会发现，会议本身变得比问题还重要。

聊些什么……

在公司会议开始之前或之后的谈话一定要简短，不要深入地谈论某一个话题。你不知道话题何时会认真起来，还有自己何时会被打断。基于这些理由，谈论你或别人的假期、你或别人的兴趣等话题都不怎么恰当。这种沟通场合很特殊，只要讲些泛泛的内容，直到进行会议的时间开始为止就好了。不过，不要低估了它们对其他人的影响，在这种情景下谈吐得当的人可以了解他人的想法，特别是他们的上司的想法。

可以聊的话题

逸事、趣闻、观察。

书、电影、电视节目。

当前不具争议性的新闻。

假日。

新软件：优点及缺点。

软性的话题：太阳能、太空旅行、艺术品及会议提供的点心。

环境：地点选得好，比去年还好。

运动。

气候：待在屋里真好；真希望到户外去。

最好别聊的话题

公然吵着要加薪或升职。

吹牛。

评论其他与会者的外表、行为、工作。

抱怨工作、工时、薪资。

机密的事情。

有争议的事情。

批评同事、公司、管理高层。

内部的抱怨或事务。

疾病。

冗长的故事，金钱。

低级的笑话，政治话题。

宗教。

公司的薪资结构。

性话题。

你的孩子或孙子。

太明显地谈论关系网。

个人的问题、怪癖、失败、离婚等。

开场白

"你在这儿还满意吗？"

"你对股市乐观吗？"

"对不起，在这场讨论会中，你会提到私密的议题吗？"

"嘿，过来加入我们，我们正在讨论全国企业界当今面临的最大挑战。"

"嘿！你听到了最后的宣布吗？我错过了。"

"嘿，我是海威金属公司的唐纳·康顿，我想我可能不认识你。"

"嘿，我是莎琳·朗森，我不知道这里有人孤单单一个人，你是一个人来的吗？"

"就专业上来说，互联网对你有什么影响？"

"威林市及雷尼市的经济状况对你有影响吗？"

"你的假期如何？"

"这儿有人坐吗？谢谢。我是亚贝斯公司的罗伯特·康威。"

"我在报纸上看到你的女儿列名在优秀学生名单中，真恭喜她。"

"我经常在大厅看到你，但我想我们并不认识，我的名字是杰西卡·佛林德。"

"莉莲！我太想见到你了，我正打算去上芭蕾课，你会建议我从哪里开始？"

"麦克！我昨晚看到红袜队的比赛时就想到你，你一定很高兴红袜队赢了！"

"你参加过最后一场会议吗？你觉得专题小组的结论如何？"

"今天真是秋季最美的一天。我一直觉得秋季很适合在大学校园里漫步，而我们就在这儿，真美的秋天，你有过这种感觉吗？"

"你去年参加过这个研讨会吗？"

情景对话

如果你们的对话随时可能被人打断，要使之顺利进行下去，像个对话的样子，需要一点儿技巧，你得保持对话的紧凑、轻松与快节奏，你可以故意把话题岔开，说得若即若离——也许，就是要说点儿空洞的话，你可以表现你的善意，聊些行业信息、你关注的人或观点。

如果他们说	你就说
"你觉不觉得这个大会好像不止一年举办一次？"	"对啊！时间都跑到哪儿去了？去年以来你有没有到哪儿去旅行？"
"我正在成立一个小组，在课后和一群四年级学生研讨科学项目，你们有没有人有兴趣？"	"跟你说，我现在很忙，不过这是我的名片——找个时间打电话给我，跟我多说一点儿细节。"
"嘿，我有个关于一个波兰人、一个犹太人、一个匈牙利人和一个爱尔兰人的笑话。"	"查理？查理？我不那么认为。"
"哈啰，我是珊妮·温斯顿，你看起来真的好眼熟。"	"这很可能，我是茉莉丝·泰瑞，大约6年前我们和另外两家人轮流共享汽车，不过当然，司机很少碰头，可以这么说。"
"嘿，你有听说路威尔碰到的麻烦事吗？"	"这倒提醒了我，我得看看儿子需不需要搭车回家。"
"雪莉，你何不当个好女孩，帮我们所有人倒杯咖啡呢？"	"范恩，你知不知道，女孩通常是指13岁以下，最多16岁的女生？"
"我从去年开始就认得你！你针对家庭调查发表了一篇言论，真精彩！"	"事实上，我去年并没有来这儿，不过没关系，我想了一下，你是我10年没见的姐夫。"

结束交谈

由于会议或大会开始，或结束要回办公室了，谈话就会自动结束，你在结束谈话时，无须像在其他场合那样优雅、巧妙，只要简单、亲切即可：

"要回去做苦工了。"

"再见！"

"别太卖命。"

"代我向你家人问好。"

"祝你的项目顺利——听起来很棒。"

"一切顺利！"

"很高兴与你聊天。"

"很高兴得知你的近况。"

"你有了决定后跟我说，好吗？"

"也许今晚用过晚餐后我会去找你。"

"下场会议见了。"

"保重！"

"你星期一见到汉克时，帮我跟他打个招呼。"

第14章
如何在商务社交活动中交谈

在室内娱乐活动中，最真实且最有人性的娱乐活动就是交谈。

即使我们每天都在和别人交谈，但总有很多的场合我们发现自己不善于交谈，而在另一些场合，我们觉得自己可以顺利交谈。不论是社交生活还是职业生涯，成功之道都是由良好的交谈铺就的。

商务活动与社交活动之间的界限很不清楚：很多公司都会涉足小区活动、募捐会或慈善活动。他们赞助小区的非营利组织，而这些组织则会举办茶会、餐会及其他社交活动，因此你可能会受邀参加表面上是社交活动（比如俱乐部的餐会、义卖、球赛等），但主要参与者、赞助者却都是业界相关人士的商务活动。

由于这是个社交活动，因此你可以放轻松，但你又得明白，工作上的熟人会随时注意你是不是表现出太多职业面背后的另一面。在参加过一两场这种活动后，你就能体会如何把握这样的"度"了：既要放轻松，又不会过于放松。

该干的……

❖ 即使你在这个团体中很有名，如果每个人都别上姓名牌的话，你也把姓名牌别上。

❖ 靠近门口站立，这样可以让你以相对短的时间与一些人聊天。

❖ 态度决定一切。如果你看起来很友善，很有亲和力，如果你去接近他人并让他们能够接近你，你就会是个成功的交谈者。

❖ **遵守得体聊天的经典模式：无论何时，球飞到你眼前时就把它拍回去给对方。这就是说，你的聊天必须一部分是陈述，一部分是问题，前者是向对方透露一点儿你的事，后者则是让对方透露一点儿他的事。一定要让你的陈述或问题和刚刚谈的内容相关。**

❖ 就商务社交活动的本质而言，你不该完全投入同事或同行的小圈子里，也不该走完全的社交导向，把人人都当成潜在的朋友。要显得有点儿熟又不会太熟的最好方法就是选择中性的话题，询问对方对当地的变化或活动、国内潮流、当前大众文化、书籍及电影等的看法。每天的报纸可以提供类似的话题，产生不错的聊天效果，不过一定要避开争议性的话题。

❖ **为了迎合对方，你要顺着相同的方向补充对方的说法，不要否定、反驳他们的话。通常，这种场合里的谈话都是轻松愉快的。因此，任何人所说的话都没有重要到对方必须表示同意与否。**

每天至少看一份报纸，了解外界发生了什么事。你当然不需要成为金本位货币制度或最高法院的专家，但多少要懂一些外面世界正在发生的事情，如此一来，他们提起的时候，你才不会一脸茫然。

好的交谈就是每个人都能参与其中，而且都谈相同的主题。

❖ 你在聊天时要说："是的，而且……"不要说："是的，但是……"如果某人说："我们今晚应该再邀另外那50个人来参加。"你就说："是的，而且那可能就会让我们的活动创纪录。"而不要说："是的，不过，增加人的话活动经费也要增加了。"

有些人生性好辩，他们喜欢站在任何事情的对立面。有反对派气质的人往往让人感觉很累，如果你是这种人，应该把这种乐趣留给你的挚友和家人，饶了社交及商务场合上的熟人吧。

❖ 让你所属团体的每个人都能参与聊天，找出那些好像有话要说但无法插话进来的人，帮他们开个头。如果你把球传给身边的人，他们会认定你是个很棒的聊天者，你无须在乎他们是否会精确记住你所说的话。

❖ 用左手拿饮料，让右手腾空出来握手，并确保你的手不湿不冰。就算你是左撇子，依照传统我们还是会用右手握手。

❖ 吃东西或讲话，这两件事同时做显得很不文雅。

❖ 照顾和你一同前来的同伴。如果他们是你私人圈子的亲友，那么对这场所里一半以上的人都会不熟，反之亦然。把他们介绍给其他可能和他们有共同点的朋友认识，你也可以借此和他们交流。

❖ 要谨言慎行。就算有同事在场，也不要谈论工作上的事。此外，就算在一个你应该放松心情的纯社交场合中也不要太过随便。你的同行可能也处在这样的场合，他们会注意到你任何太过"放松"的行为。

❖ 讲话速度放慢，音量降低。在大型、嘈杂的活动中，人们往往会提高音量，这能够理解。然而，如果你想让听众专心听你讲话，稍微降低你的音量，以便他们自动靠近一点儿——讲话速度放慢，不时停顿一下。没有什么事可以像自信的谈话者那般引人注意，这就是你应该看起来的样子，放慢讲话速度，声音音量大到别人听得到即可。

❖ 要有耐心。总得有人要为启动话题付出代价，那个人可能是你。有些人在你一加入谈话时就会闭嘴，然后走开；有些人则需要有人慢慢引导他们做准备。不过，后面的这些人往往会在谈话上有很大的进展，通过特别的知识、一本正经的幽默感或一个值得等待的好故事让你震惊。

不该干的……

❖ 就算这是个商务兼社交的活动，也不要把你"时间就是金钱"的生意心态带进来，你很可能只会让聊天持续五秒钟，而这是不利于你交朋友的：

"嘿！"

"进展如何？"

"很好，你呢？"

"很好。"

"好极了。"

不要让聊天时间过得太快，就像疯狂赛车般飞逝而去。不要提供或要求一个字的答案，要阐述，讲个逸闻。你提的问题不能只是可以用"是"或"不是"来回答的问题。

❖ 除非你和一两位和你一样热衷的人在谈论本行，否则不要在商务社交活动上讲专业的行话，把行话留到工作上再说。

❖ 这种混合活动虽是社交活动，但它的商业成分意味着你不该谈论公司内部的事，除非你是在和一两位挚友或同事聊天。

在最佳状况之下，交谈是所有人都可以参与，也都可以得分的社交比赛。这种比赛不需要场地，也不需要装备，什么时候都行，而只要本身文明地持续进行下去，它都会很受欢迎。

❖ 同样地，在这种混合成分的社交活动中，也不要把工作带进来，工作的成就、问题、八卦或新闻都应该留到其他时候再说。

❖ 不要让你的自我意识凌驾于谈话之上，特别是假如你是公司的高管，习惯命令人们注意听你讲话，希望他们服从，那么你可能会将这种态度带进社交场合，这很不令人欣赏。

在寻找话题时，人们有时会提出他们最喜欢的话题：赢得高尔夫球赛、桥牌大满贯、生意或其他方面的成就。如果以谦虚或幽默的方式来讲这些事，那也会是很好的谈话内容，但如果不是的话，那就不怎么好了。

❖ **不要公然地拉关系。**所有这样的非正式谈话多少都是在建立人脉，然而在社交场合中要求提供信息、请人帮忙、请求面谈、推荐或其他与生意相关的事务，并不是恰当之举，就算这个生意圈子里的人认可，也同样不恰当。

❖ **不要单独与你的熟人聊天，要求自己至少要认识三位新朋友，找出三个你和他们的共同点。**这种"三三"策略不只是很好的练习，可以提高你的社交技巧，同时也是达成活动目标的一个重要刺激。此外，它还会以你无法预见的方式给你的个人及事业带来意想**不到的好处。**

❖ 不要过度表达你对活动的目的、主办人、食物及地点的热情，你希望人们知道你很欣赏他们的努力，但要低调，说"恭喜你办得很成功"或"餐点很棒"就够了。

❖ 不要做任何的假设，如果贸然问别人"你结婚了吗？有没有小孩？"就会显得很奇怪。如果你在对话中需要交流个人的信息，可以问："谈谈你的家人好吗？"或者"你有家人住在这个地方吗？"

选择一个禁得起分析、可以激发热情的话题，对交谈的乐趣来说很重要。

特殊状况

❖ 表彰过去一年来对公司有卓越贡献的员工的公司宴会是个典型的商务社交活动。给每位参与者的唯一警告是，要把这家公司当成世界上最好、最杰出、最优秀的一家公司。

❖ 如果你是某个募捐活动的负责人之一，或者对该活动有很强烈的认同感，你在公开或私下寻求财务帮助时都要尽可能展现亲和力。当然，人们不会因为这样而喜欢你，但他们会期待你有这种表现。

在跟客人交流时，进行寻常的寒暄，提及和与你交谈的每个人都相关的事情（如果做得到的话）。不过，如果有必要加上一些提醒他们捐款的话，也不要觉得不好意思：

"今晚多吃块蛋糕！这是协会可以为你做的一点儿小回报。"

"你今晚能来真的太好了，你对基金会的支持对我们而言意义重大。"

"你们对协会来说是如此特别的朋友，我想敬你们五位一杯。"

"谢谢过去大力的支持，看起来你很愿意继续支持这个组织。"

"我们真的很感谢像你这样的人，我们知道我们向来都可以依赖你。"

聊些什么……

在商务社交场合中，聊大是那种场合的规矩，你可以找具有普遍的吸引力又不具争议性的话题。

可以聊的话题

逸事、趣事、意见、观察。

图书：最新的、刚刚出版的。

连环漫画。

音乐会、音乐团体。

大家都有兴趣的爱好。

当地相关的新闻或活动。

电影：最近看的、最喜欢的、你或他们都看过好几次的。

最喜欢的餐厅、咖啡厅、熟食店、面包店。

不具争议性的全国性活动。

盛大活动：举办活动的缘由，如果你或他们有特别参与策划或支持的话，尤其需要谈一谈。

运动：最近的比赛、即将到来的连续比赛、最喜欢的队伍、选手、当地的运动、你和他们都有参与的运动。

周遭环境：特别是如果它们很独特或你从没来过，或是如果你对它们有问题时；恰当的座位安排；有吸引力的室内摆设；太暖和或太冷。

艺术：当地的剧场、美术馆、你和他们都在学习的艺术。交通、停车、高速公路，如果不是在抱怨的话。

旅行：要让这种聊天有来有往，而不是变成你个人旅游经历的演说。如果旅行不能让你的心胸更宽广的话，那么，经常外出旅行只不过是跟别人多聊了一些天而已。

气候，特别是气候创纪录，或剧烈变化（酷热、水灾、龙卷风）。

政治及宗教是很危险的话题，就算是在最文雅的公司，它们也可能会引起反感。疾病、死亡及灾难也不很受欢迎，因此应该避免。

最好别聊的话题

其他人可能没有受到邀请的活动。

抱怨公司及其他同事。

机密的事情、秘密、任何内部消息。

争议性的话题：堕胎、死刑、协助自杀、福利制度、防止歧视弱势群体的积极行动、政治竞选等。

批评其他人，不管听的人认不认识。

死亡。

公司内部的抱怨，疾病、健康问题。

金钱：东西的成本、通货膨胀，今晚的募捐活动可以募得多少钱，高涨的医疗成本。

重复讲述电影、图书或电视节目情节。

低级的笑话。

个人的问题、缺点、感觉。

薪水——你的和他们的。

性话题。

工作问题。

你的孩子。

你的离婚消息。

你的感情生活。

开场白

当然，你要做的第一件事就是一边伸出手去握手，一边说："嘿！我是柯奇·约翰逊，和亚柯班一起来的。"除非对方是朋友或同事，否则你每次都要先报上你的全名，就算你曾在另一个场合见过对方也一样。这不仅是预防人们一下子想不起你的名字、忘记你的实际解决方式，就算他们记得你的名字，你这么做也会让你看起来很稳重，让对方觉得自己很重要。在这之后，你可以说：

"你不是这个组织的董事会成员之一吗？久仰久仰，我的名字是隆恩·柯里斯，这里有很多人你都认识吗？我想我一个都不认识！"

"今晚这里有很多贵公司的人吗？"

"你认识主办人吗？"

"你是怎么和这个团体熟识的？"

"你为什么对这个组织有兴趣？"

"你的假期过得如何？"

"我真想不到有这么多人来参加，你预料到了吗？"

"不知道你可不可以介绍一位不错的房地产经纪人给我？"

"我看见你的姓名牌，你是和公司的顾问们一起来的，我对他们不熟，你能聊聊他们吗？"

"我一直想问你，为什么乐队的声音一定要将所有的谈话声都淹没。"

"我最近才加入这个组织，因此对它的印象非常深刻。"

"珍妮！最近好吗？你和你先生找到房子了吗？"

"策划这场活动的人做得很不错。"

"有人提起你是主办人之一，我想跟你说你办得真棒。"

"这是最值得花时间投入的事业之一，你是怎么对它产生兴趣的？"

"你能指出哪位是委员会主席吗？除了名字以外，我不知道她是谁。"

"你是位很出色的舞者，你在上课吗？我想学交际舞一定很有趣。"

"你很面熟，不过我想我们并不认识，我的名字是葛拉丹尼·蒙斯福特。"

情景对话

你要一直把对话当成打网球，秉持这样的理念，可以保持球不落地。如果球飞向你，就以对方打得到的方式把球拍回去。你的回复必须与对方最后所讲的话有关联，还要让他们有话可以接。另一方面，当对话不怎么有趣时，就不用再拍回这颗球（当然，要有礼貌），那么对话很快就会结束了。

如果他们说	你就说
"嘿！我是吉娜·巴特勒，和弗里曼·博尼那一起来的。"	"很高兴认识你，我的名字是弗朗西斯·博尼，我猜想，你和我哥哥上同一所学校。"
"你怎么认识我们今天的宴会主人？"	"我们的孩子都就读于当地的学校，你呢？"
"我知道你在人力资源部门工作，事实上我正在找工作。"	"你何不明天打电话到办公室来，约个面谈的时间？"
"这些事是谁安排的？他们邀请的人太多了。"	"是呀。"
"不，我不看书。"	"噢，那么电影呢？你最近有看什么好片吗？"
"我正努力要击败现任市长，我们得摆脱那个骗子，不晓得你有什么看法？"	"对不起，肚子空空的时候我一般不谈论政治，我得去找点儿东西吃。"
"嘿！我是索拉雅·赛吉，我想不起来我们之前在哪儿见过。"	"我也在想同样的问题，我想要不就是去年的宴会，要不就是夏天举办的那场研讨会。"

如果他们说	你就说
"不晓得他们花多少钱买这盏吊灯。"	"需要我帮你拿杯饮料吗？我正要去吧台。"
"恭喜你获得今晚的卓越奖。"	"谢谢！这么多人，你还认得我，真是太感谢了。你在哪个部门？"

结束交谈

由于绝大多数人都知道他们必须与别人交流，因此你不该对结束对话感到太过为难，这样你才可以再去加入另一群人。如果你要结束对话，你可以说：

"我想去跟今晚的活动协调人说句话，真的很高兴认识你。"

"希望有天可以跟你合作生意。"

"我再打电话给你。"

"我应该去跟我老板打声招呼，很高兴见到你！"

"我想我得再去自助餐台取餐，祝你有个愉快的夜晚。"

"今晚看起来很成功——办得真好，晚安啰。"

"很高兴与你聊天，找个时间一定要再聚聚。"

"很高兴见到你——也许今晚稍晚我们会再碰头。"

"我想去看看有没有我们公司其他人在这儿。"

"希望下次再见面不用再等这么久。"

"嘿，你认识凯文·伍斯特吗？我来帮你介绍。"

"是的，我也很高兴与你聊天。"

（更多结束对话的方式请见第1章。）

第15章

如何在社交场合聊天

生活中有两种人：一种是走进房间后说："嘿，我来了！"另一种是走进房间后说："啊，你们在这儿。"

从优雅的晚宴、喧闹的家庭聚会到优雅喧闹各半的鸡尾酒会，所有愉快的社交活动都需要聊天技巧。如果你幸运的话，一开始交流就可以擦出深入交谈的火花，建立珍贵的友谊或有价值的人脉。不过，只要态度正确的话，就算聊天并没有带来什么更重大的成果，还是会令人感到满意、愉快及难忘。

在你抵达之前

最令人沮丧的社交噩梦是，你在抵达聚会场所时觉得自己很无趣。你要事先提醒自己，你是受邀前来的，一定会有人喜欢你、希望你去。想一些你以前的成功经验，一些你感觉很愉快的其他聚会。

一旦你自认为很有魅力，有相应的能力，并且对语言有一定程度

**的运用能力后，就把自己忘了吧！一直到你回家前都不要，绝对不要
再想到你自己。**

你让自己的头脑清楚之后，就打开心扉，准备去跟一些有趣的
人见面。你还不知道他们怎么那么兴奋或者为什么而兴奋，但你会慢
慢地发现。想想看，那里有你认识的人，想象一下你会问他们什么问
题，或上次你碰到他们时都聊了些什么。

你要期待自己会受到欢迎及接纳，当然，不会有什么戏剧化的事
情发生，但你可以预期你所遇到的人给你温暖的微笑。如果你心平气
和地期待这件事，它就会发生。然后，你要准备对他们展现你的友善
与兴趣。

最近，我们可以发现这样一种现象：商业圈对社交圈的影响增大
了。人们习惯在他们的生活中给社交留下足够宽敞的空间。

想要轻易地和别人交谈，就得坚信你自己或者其他人是很有趣的
人，虽然这并不简单。

如今，在互联网、微信、短信、微博、电子邮件及手机充斥的繁
忙世界里，我们对于步调较为缓慢的人际关系已经变得很没耐心了。
人们觉得，很多事情只需在电脑上动动鼠标就好了！我们可以直接做
我们要做的事，几秒钟后，我们想要的东西就已经在邮件里了。如果
我们必须等待下载的时间，我们将会很愤怒。别人回复我们邮件的速
度越快，似乎就表示关系越好。我们希望朋友及家人能快点儿回复我
们的问题、我们关心的事情以及我们的需求。我们希望他们就像我们
从最喜爱的网站中下载文章一样，有效率地下载一段对话。

我们讲话会用简称（如CIA、CEO、CPA、CNN——这些只是
字母的连接）、缩写或缩短的文字。

这种急躁综合征影响了我们大多数人，也是你在抵达某个社交聚
会前应该思考一下的事情。要刻意地将其他事情都从脑海中抛开，放

慢速度，准备迎面而来的交谈。如果你喜欢的话，可以保持一触即发的紧张状态，但这样做不会使你成为有吸引力的人。

除了让自己做好准备、自信、放松之外，除了阅读你所属工作领域的报道期刊外，你每天至少要看一份报纸，或者通过门户网站看新闻，可能的话，每星期看本新闻杂志，以持续掌握外界的最新动态。你不必对每件事都了如指掌，但当有人提起今天的头条新闻时，你应当能够和他们讨论，或者至少要表现出知道他们在讲什么的样子。

第一步

和初次见面或某个看起来有点儿熟的人接触，最常见、最有效的方式就是伸出手，同时报上你的姓名"嘿，卡洛斯·罗德林古"，大多数人都会回答他们的姓名。当然，接下来这个话题的球又踢到你这儿了，因此你要准备说句话或问个问题，让对话持续下去。

交谈有点儿像是手电筒，你拿着它探索以前未曾到过的洞穴，一开始根本猜不到会发现什么。

爬到这座山上，你几乎很难马上做正事。一开始先问好，然后聊点儿别的事，除了聊你为什么来这儿。最后，当蚊子开始咬人了，你才会聊内心的想法。一定要循序渐进，不要冒犯别人。

一开始先交换名字是个好主意，如果你等到自己很投入这段精彩的聊天后才回头来自我介绍，给人的感觉怪怪的，好像你这个人是凭空冒出来的一样。

运用过几次这种技巧后，你就会对任何一场交谈的前几秒钟感到很自在。

谨慎使用一来一往的方式，先从琐事谈起，然后再触及你们双方都有兴趣的话题。要相信对话可以自然展开，如果你保持警觉，随时可以将对方挥过来的球打回去，你就会非常熟练地聊天。

你的社交活动可能并不是在高山上举行的，但还是要经过一个热身阶段。循序渐进，做好起步的步骤，以免冒犯别人。

该干的……

❖ **微笑，和对方的眼神接触。**

❖ 把焦点放在对方身上，忘了你的外表、智慧、机智或社交技巧。别去管天花板的风扇、房间另一头打翻的饮料，以及你背后传来的笑声。如果你对对方表现了十足的注意力，自然就会看起来得体、聪明、有趣，善于社交。陌生人——只是一个你还不认识的朋友。

❖ 分享一些你自己的事。几年前，法国作家兄弟迪克德曾写道："千万别向别人聊你自己，而是要让他们谈他们自己——讨人欢心的艺术尽在其中。每个人都知道该这么做，但每个人都会忘记。"

虽然迪克德兄弟俩说中了一些事，但却是错的。如果每个人都拒绝谈论自己，同时却又要让别人这么做，那么，根本不可能产生对话。因此，无论如何一定要表现出对他人的兴趣，但还是要保持对话的平衡。如果对方抛出一些个人信息，你就得拿一些自己的个人信息来回应。

❖ 你的谈话要包括陈述（"我听说他们的女儿是位负责任的保姆"）、问题（"你住附近吗？"）以及一点儿自我揭露（"我在军队里碰到了贾斯汀"）。

❖ 你既要谈论自己的一些有趣的事，同时又要让自己看起来不会太过高调。

❖ 让你这个团体中的每个人都能加入对话，找出那个比较少开口但又努力想表达的人，然后说："保罗，你是不是有话要说？"或者，对还没开口说话的人说："珍妮，你也在，那你有什么看法？"

适度地自负，就像对话的调料一样，你不该加太多，但如果全部省略的话，每件事都会变得淡而无味。

在六个人或少于六个人的团体中，所有人都应该要谈论相同的话题。当其他人都在谈论某个话题时，另外有两个人岔开话题并且低声交谈，会让其他人很不舒服。如果你是这两个人中的一个，你要么从这个团体中离开，要么加入团体的讨论。

❖ 培养认真的态度，学习察言观色以及观察人们的肢体语言。对话是件两个人或更多人的事，你越是能够帮助其他人加入对话，你的对话就会越成功，你也会越来越受欢迎。

❖ 避免一个字的答案。如果有人问你答案"是"或"不是"的封闭式问题（"你打高尔夫球吗？"），你的答案要再多加点儿内容（"不，不过我上星期才从电视上看到公开赛，你看了吗？"），否则对话会停滞不前。

❖ 如果你看出对方对你或你所讲的话失去兴趣，这通常和你个人没有关系。于是，由于社交对话的性质，你将面临一个抉择，要不就是继续深入某个话题，要不就是基于与其他人交流的目的而放弃这个话题。第一个选择并不好，因为别人可能会变得焦躁不安。

❖ 社交活动并非是进行深入的、有意义的讨论的最佳场合。你的对话中可以容许寂静片刻。寂静可能代表温暖，也可能代表敌意、中性、挑战或被动的挑战。不过，如果是令人温暖的寂静，它可以给我们当中比较不善言辞的人一个说话的机会，也可以让每个人放松。如果你自己是个比较安静的人，那就忠于自己。用一些激励的低语、句子及你的专注态度，让别人知道你在参与对话。真正有问题的是那些非常无趣又高傲得什么话都不说的人，而不是那些真正沉默寡言的人。除此之外，很可能会有作家玛丽·罗利所说的那种情形发生：
"当人们停止讲话时，很多人反而变得有趣起来。"

❖ 问个好问题，以便让对话得以继续。

大家都很平凡，寒暄并不需要精彩万分，每个"寒暄"的人都不会说出太有智慧或太有意义的话来。这种寒暄只是让轮子继续转动的必要条件罢了。

不该干的……

❖ 不要独占整场对话。你是在跟人讲话，不是在对人讲话。如果你不确定自己是否独占了整场对话，可以大概比较一下你讲话花了多少时间，其他人讲话又花了多少时间。如果你这一群人似乎对你讲的话很有兴趣（这通常可以由他们问出的好问题看出来），你也许就找到志同道合的人了。但如果其他人的响应是一个字的感叹词或保持沉默，他们可能只是基于礼貌而不得不听你说话，那样的话，你也许已经独占整场对话了。

❖ 别说太多话。刚认识的人并不想听到你的离婚消息（无论他们看起来多么有同理心）、你对国税局的抱怨、你那让人闹心的工作、你感情生活的起伏、你赚（或花）多少钱，或者你最近特别着迷的事物。聊天是个中立地带，这里有白旗飘扬，在它保护之下的人可以尽情谈天，而无须害怕踩到"地雷"。敏感、情绪化或非常私密的信息应该等到双方建立更深的人际关系之后再说。

人从不会后悔话说得太少，但经常会后悔话说得太多。

跟你讲话的人从来不会直视你很久，而是环顾四周，寻找鸡尾酒会常见的问题——"今晚有谁来？"——的答案。

❖ 讲话不要太大声。很显然，讲话大声的人通常自己并不觉得讲话大声。因此，就这方面来说，你可能因为讲话大声让人生气，但你自己丝毫不知道。下次你在一群人中和别人交谈时，花点儿时间比较一下你和其他人的音量大小。

❖ 不要打断别人或抢他们的话。若是一群有礼貌的人，无论是谁在讲话，其他人在插话之前会先等个一两秒的时间，以确定对方讲完了。

❖ 当某人正对你讲话时，不要看表或环顾四周（你可以利用去点心桌拿点心时，再看看有谁来了）。如同欧洲著名作家安妮苏菲·斯维琴在几个世纪前所说的一样："全神贯注是无声且无止境的奉承。"因此，要全神贯注，其他人在回家时会认为你是位出色的谈话者。

❖ 除非在当时谈话的场合需要巧妙地纠正别人的话语，否则不要纠正任何人的发音、文法或事实。有人以纠正别人而感到自豪，如果有人这么对你的话，你就说"谢谢"，然后继续说你要说的话。

❖ 在社交场合中，不要向某位水电工、计算机工程师、股票经纪人、庭院设计师或其他专业人士寻求建议，甚至你连想都不要想——无论多间接、多有技巧或多巧妙。

❖ 除非你确定身边的人和你志同道合……或者别人先起了话头，否则不要在社交场合中使用行话、内部语言、俚语或下流的语言。

❖ 不要试图胜过他人。如果他们去巴黎一个礼拜，你不要说你上次去了一个月。当然，你可以谈论你们两个人对巴黎的喜爱，但要注意，不要坏了别人的兴致，如果那样的话，事后你也不会喜欢你自己这么做。

❖ 讲笑话前务必三思。

❖ 不要因为你自己已婚、单身或异性恋，就想当然地认为别人也是如此。不要问："你结婚了吗？"或"你有小孩吗？"改问："谈谈你的家人好吗？"或"你有家人住在这个地方吗？"

❖ 不要详细地谈论你的小孩，除非对方是你认识的朋友，并且他们真的想了解你的近况。当别人问起你孩子时，就跟"你好吗？"一样是个例行问候仪式，他们希望你回答"很好"，然后就聊点儿别的更有兴趣的事。

小孩的父母应该明白的是：很少有人甚至是没有人会跟他们一样，觉得他们的孩子很迷人。

特殊状况

❖ 如果你失礼了，怎么办？每个人都会发生失误，因此不要慌张。说出自己后悔的话、打翻饮料或叫错别人名字，都是很常见的状况。虽然有人会以反讽或幽默的方式来化解（"我的没品位是远近闻名的。""我真的这么说过吗？"），不过，最容易被接受的补救措施还是真诚地道歉（"我真的很抱歉，我明天会打电话给你看要怎么弥补"），然后就别再提起这件事了。（更多失礼的补救办法请见第7章。）

❖ 要是你在活动中遇见名人，倘若有人能介绍你认识，那最好不过，但是在你无须从人群中向他挤过去的情况下，你也可以向他自我介绍。当然，这样做有一些原则：（1）不要过度热情，夸大其词——你所说的话对他们而言可能并不新鲜，简短一句认同他们成就的话就够了（"我很推崇你的作品"）。（2）跟名人简短致意，然后就往前走，如此一来，其他人才有机会和名人交谈。如果你很想跟这个名人深入交谈，公开的聚会场合并不适合，询问这位名人的随从，跟名人或他的员工联系的最好方式是什么。（3）如果这个人和你想象中的不一样，比如说要更年轻、年老、胖、矮、秃头，你都不要表现出一副吃惊的样子。（4）当对方正在吃东西或想放轻松时，不要去接近他。（5）不要直呼他们的名字，除非他们请你这么称呼。（6）如果你非得找他们签名不可，要事先准备好纸笔。（7）别急着为你还没看过这个名人的最新电影或最新出版的书而道歉。

倘若你发现你正在和一位名人说话，别问一些他们已回答过很多次的老问题（"……是什么感觉？"或更糟的是"你有没有见过乔丹/麦当娜？"），你可以问些中庸的问题："你有没有机会参观这个小镇？""你知道这儿现在是龙卷风肆虐的季节，你碰到过龙卷风吗？"

名人熟悉的事物通常会比他们专业上的事物还多，因此你也可以谈论诸如运动、旅游、园艺、新书、集邮、动物或烹饪等话题。

有些人真的很喜欢在宴会上接近看起来眼熟的人，然后问道："我认识你吗？你是不是哪个名人？还是重要人物？"这样的发问方式并不好。

聊些什么……

社交聚会能聊的主题很广，几乎任何话题都可以拿来聊天。一群人可以接受或迷上某些话题，但是对站在附近的另一群人来说，这些话题可能并不受欢迎，甚至很糟糕。关键在于了解你的听众。当你和家人、朋友或是老同事在一起时，你几乎可以聊你喜欢的任何话题。

不过，当你在以聊天为主的商务或社交聚会中，跟不太熟的人在一起时，你可以先熟悉下文将会讲到的什么该讲、什么不该讲的话题。基本上，这些话题可以为你带来"轻松的谈话"。

得体，就是让人们感到宾至如归的艺术。

在此强烈地建议大家，不要谈及具有争议性的话题。聊些无关紧要的、一般人都有兴趣的、不会触怒任何人的话题。

至于说什么才恰当，你必须靠自己的良好嗅觉，举例来说，金钱这个话题过去一直被视为社交场合中的禁忌，但如今在许多场合中，它不过是另一个有趣的话题罢了。

可以聊的话题

逸事、趣闻、意见、观察。

书籍。

气候的变化。

小区的活动、议题。

电脑使用、电脑软件、手机软件。

他们的家人及你的家人，最喜欢的连环漫画。

活动提供的食物、嗜好、宠物。

当地的活动。

电影。

新玩意儿，新型号的iPad、iPhone（苹果公司出品的平板电脑和手机）。

城里的新餐厅。

不具争议性的报纸报道。

房地产。

运动。

电视节目。

艺术。

交通。

度假计划。

天气。

今天，在很多场合中，金钱都是个受欢迎的话题。人们阅读日报的金融版面，就像阅读体育版或连环漫画一样热衷。在鸡尾酒会上，几乎一定会提到所得税、生活成本或房地产行情、股票行情等话题。在八卦圈里，只有"谁花多少钱买了什么"可以跟"谁对谁做些什么"匹敌。

最好别聊的话题

其他人没有参加的宴会。

露骨地建立人脉。

评论其他人的穿着、行为、言论。

抱怨。

机密的议题。

争议性的议题（如堕胎、协助自杀、死刑、福利制度、学校的性教育、抢救动物组织、环保）。

批评。

死亡。

超详细地描述你在高尔夫球或其他运动上的高超本领。

内部的实情。

过度谈论工作。

八卦，如谈论某人和小三儿。别沉迷于八卦……中伤他人的人多少会伤到自己。

冗长地描述你的旅行。

金钱。

个人的失败、缺点及怪癖。

个人的问题。

东西的价格。

反讽。

重述你看过的电视节目。

宗教。

你和其他人的薪水。

性。

其他人的感情生活。

工作的问题。

你的孩子有多出色。

你的离婚消息。

你的孙子。

你的健康、疾病。

开场白

典型启动话题的方式是对活动或周边环境做个低调的评论，然后问个开放式问题："我知道罗伯特和茱丽叶自己建了一座很棒的玫瑰花园，你是怎么认识他们的？"

当场面一开始，可以由你决定聊些什么时，你可以试试以下问题：

"安妮·弗里曼（握手），我们在去年的野餐会上见过。"

"你用的是苹果手机还是三星手机？"

"你是湖人队的球迷吗？"

"你常看电影吗？我自己就是个电影迷，我一直在找其他的电影迷。"

"你刚搬到这个地方吗？都安顿好了吗？有什么帮得上忙的地方，告诉我一声。"

"你最近有没有看什么好书？"

"今天的气温是不是创下新高？"

"你周末过得如何？"

"你有没有注意到后院的岩石墙壁？"

"你认识这里的每一个人吗？"

"你认识很多今天的客人吗？"

"你今晚到这儿来时，有没有遇上高速公路封路？"

"你知不知道那边的那位女士是我们的新任市长？她不但有魅力，而且好像非常有能力。"

"你做过园艺吗？我一直在想要如何赶走兔子，不知你有没有什么点子。"

"你知道现在几点吗？"

"你住在附近吗？"

"每个人好像都很喜欢这场派对。"

"对不起，你认识打绿色领带的那个人吗？我想我在哪里见过他，但就是想不起来。"

"你有没有出去阳台看看？风景很迷人。"

"你住得离这里很远吗？"

"你有没有跟那位穿红色套装的女士聊过？她非常擅长看手相。"

"你有没有试过寿司？"

"你好！我是芭芭拉，帕丽斯·贝西的姐姐，来自波士顿。"

"嘿！我是威佛·史普林特，你是……"

"你怎么认识我们今天宴会的主人的？"

"你最近过得好吗？"

"这个房间点这么多蜡烛，所制造出来的神奇效果真令我难忘。"

"我想你大概不知道这歌名。"

"我想你可能还没看过克雷格·赫里的新片。"

"如果你和我想的是同一个人，我听说过你最了不起的事迹！"

"听说你是'五月节'庆典的新任主席，恭喜你！"

"我刚看完这本最棒的书，如果你有时间的话，也许想看一下。"

"贵公司我不了解，你可以介绍一些背景吗？"

"我真的很期待这个周末——你呢？"

"我快被今天的太阳给晒干了，你理想中的天气是怎样的？"

"我注意到你这个网球俱乐部的标志，你可以给我推荐个教练吗？"

"我曾经把红酒打翻在崭新的米黄色地毯上，从那个时候起，我就很怕在这种交流的场合中吃东西或喝饮料。"

"我知道你是位天文学爱好者，你从小就对星星感兴趣，还是最近才开始的？"

"我在附近见过你，但我想我们并不认识，我是茉莉亚·罗米洛。"

"不知道是谁负责的，这些开胃小菜真美味。"

"我今天一直工作，错过了午餐，如果我埋头吃东西的话请见谅。"

"我太太和我刚搬到这个地方，和你家隔了三栋房子，你认识什么好的保姆吗？"

"嘿，你的院子今年秋天有没有鹿闯进来？"

"来这里的路上我看到小朋友在公园里玩，让我想起我小时候的夏天。在你成长的过程中，你是怎么度过你的假期的？"

"有人跟我说我们吃的所有蔬菜都是主人在院子里种的。"

"有人告诉我应该来跟你聊聊。"

"今天过得如何？"

"餐点真令人期待，也许是因为我对下厨很不在行吧，你呢？你会下厨吗？"

"这首曲子让我想起，我在16岁的时候，音乐就是我的一切，你喜欢音乐吗？"

"这首曲子带我回到了大四时的舞会，勾起了你的哪些回忆呢？"

"我们刚搬到这一区，这里最冷时会有多冷？"

"多棒的餐点！我看到你也发现虾了。"

"你为什么会到这个地区来？"

"你觉得戴维做的那些书柜如何？"

"你的家乡是哪里？"

"今年夏天你打算到什么特别的地方吗？"

"你看起来很面熟，但我不确定我们是否认识。"

"你看起来保养得很好，我可以请问你采用什么养生方法吗？"

"我知道你在零售业工作，大体来说，电商对你的生意有什么影响吗？"

"好吃，这是最好吃的春卷！"

理想的对话必须是思想的交流，但不是像很多担心会显露缺点的人所想的那样，是个机智与雄辩的展示会。

交谈的成功与否不在于表现你的机智，而在于你能引出别人的机智来。如果和你交谈的那个人离开后，对自己及自己的机智感到满意，也会对你感到极为满意。

情景对话

注意以下列举的规律：适当地答复之后，要紧接着问问题，这样的话才能让对话的"球"不至于落地。

如果他们说	你就说
"嘿！我是约翰·柯克朗。"	"很高兴见到你，我是谭雅·文斯，珍妮的朋友及同事，你是怎么认识珍妮的？"
"嗯，我认识你吗？"	（微笑）"嗯，你应该能确认。我是杰西卡·亚柏，就住在这条街上，你也住这一区吗？"
"真的很不好意思，不过我忘记你的名字了。"	"别放在心上，我忘了做自我介绍，我是里奥·亚许，我想我们在他们去年的假日宴会上见过面，你去过不是吗？"
"我们上星期刚搬到这个小区。"	"欢迎！你会爱上这里的，我很愿意尽量告诉你这个小区的事，还有保姆及钢琴老师的名字，你需要这方面的信息吗？"
"你试过这个自制的冰激凌吗？"	"有啊，我还问了做法，你喜欢下厨吗？"
"你有没有看到那套儿童茶具的收藏？"	"没有！在哪里？可以指给我看吗？这是你的兴趣吗？"
"你住在这个小区吗？"	"不，我住在纳什区，你呢？"
"你知道这个四重奏乐团何时开始演奏吗？"	"大约八点吧，你对音乐有兴趣吗？"
"这里我一个人都不认识，你呢？"	"事实上，我认识两个，我来介绍你们认识。你没有认识的人，那你怎么会到这儿？"

结束交谈

当你要离开加入另一群人时，可以说下面这些话以结束交谈：

（坚定地握手）"很高兴和你说话。""对不起，我得去一下洗手间。"

"我去用点儿午餐，这是我的名片，有空时打个电话给我。"

"我得去跟弗兰克说句话，希望有天能再碰面。"

"希望你今晚玩得愉快。"

"我会把我们讨论的那篇文章的复印件寄给你。"

"我要去喝点儿东西，也许晚点儿会再碰面。"

"我得说再见了，不过真的很高兴跟你说话。"

"希望有时间再见面。"

"我得四处逛一下，今晚这里有好多人我都不认识。"

"我答应凯伦要帮忙装满托盘的食物，我最好去检查一下。"

"我看到克里斯了，你何不跟我过来，我介绍你们认识。"

"我想先去自助餐厅，要不然，我担心蟹肉派都被吃光了。"

"很高兴认识你。"

"真的聊得很高兴，也许晚点儿会再碰面。"

"我得在珍妮离开前跟她聊聊。"

"我不能再独占你了，不过和你聊天真的很愉快。"

"玛丽亚在对我挥手，我最好去看看她有什么事。"

"谢谢你带我认识砚台收藏的世界。"

第16章
如何在公共场合聊天

每个人都活在一连串的交谈之中。

记住，和你聊天的那些人对他们自己、他们的需求与问题比对你及你的问题的兴趣要高出百倍。

一个有意思的现象是，过去一百多年来，人们在公共场合的交谈时间已经大大缩减了，主要原因是汽车与电视的诞生，人们不再会站在人行道或小镇的商店前与人聊天。在当今快速的生活节奏以及信息时代的快速响应的影响下，当我们必须排队等候时，就会感到很不耐烦。在商场排队结账，和其他顾客聊天可能会降低我们的速度，要是轮到我们要结账走人了，但对方依然想聊天，那该如何是好呢？

不过，有时候你会发现自己在家里或工作地点以外的自由场所也和什么人交谈几句，比如机场、飞机上、超市、书店、洗衣店、购物中心、等候室、酒吧、音乐厅、排队买电影票时、公园、饭店、游泳池、邮局。

你在公共场合中会碰到两种人：认识的和不认识的。前者有些可能是社交上的熟人，有些则是工作上的熟人。

应付社交上的熟人最简单，因为你和他熟悉，知道要聊些什么，甚至可以聊比较私人的话题。至于工作上认识的人，你对他会比对陌生人亲切一点儿，但又不会只因为你们在工作地点以外的地方碰见就马上变成朋友。你的态度要保持某种程度的庄重与正式。至于陌生人，你要有礼貌，用微笑或点头传达你的善意。如果你和他聊天，聊些泛泛的话题或者寻常的事就行了。

这种偶然的碰面时间通常短到不可能进行任何有意义的交谈，因此最空洞的交谈双方都能接受，事实上也比较恰当。说些半淡无奇的话可以被对方接受、理解，这是向对方这个人致意的方式。当然，前提是你不侵犯对方的隐私，或者不想在几分钟之内和他变成挚友。

最常见的情况是简单聊聊，比如说："真希望有个推车，我原本只想挑几样东西而已。""我也是。"同情地叹口气或摇摇头，然后结束对话。

有时，当你发现自己需要和他相处一段时间时，聊的时间可能就会拉长。不过，双方都必须确定对方有兴趣聊。一个人想聊但另一个人不想时，就不叫聊天了。聊天得是一句话之后，对方再接上一句，问个问题，然后另一方再接着讲一句，问个问题，让闲聊继续下去。

恭维是什么？恭维就是你不知道该讲些什么的时候要对人们说的话。

在公共场合中，人们会处于一种好像在那儿又好像不在那儿的奇怪状态，这就是为什么你要对身旁的人致意，但不要与他们发展出成熟的关系。

由于长时间工作、长时间独自开车上班及长时间看电视所带来的隔离，这种逐渐加深的因素使得我们多数人都会有种孤立感。我们有很多人会将他人视为对我们的隐私、资源及成功的威胁。因此，在公共场合与他人互相交流接触时，我们必须尽量表现得友善、可爱，支持对方，这么做不只为了展现我们的善意，同时也是为了我们长期的幸福着想。

该干的……

❖ 在适当的情况下，以微笑和点头向他人致意，以相同程度的方式来响应对方的问候，例如说："天气不错。""的确是。"当然，交流的程度要根据对方究竟是社交上认识的人，还是你的同事或好朋友而定。不过，让你的热情程度、表达兴趣的程度或聊天的时间长度与对方的相呼应，仍不失为一个好办法。"同步"会让彼此自在、相互喜欢。

❖ 聊天内容只要不太涉及个人隐私，可以说些赞美的话，例如："好可爱的小孩！""你的太阳伞太赞了。""我可以说你对那位接待员真是太有耐心了吗？""你的雕花真美！""我同意你的T恤上写的话。""我最喜欢这种狗了，我们家也养了一条。"绝不要让传达贴切赞美的机会白白溜走。

与人交谈时，和蔼友善比风趣更令人愉快，你的面容亲切比漂亮更重要。

❖ 用眼睛观察对方，找出可以作为话题的线索。比如，这个人的推车是否装满了园艺设备？他们是否有只拴了皮带的狗？他们的鞋子是不是跟你买的一样？他们胸前的徽章是否和你的喜好一致？他们是否带着小孩？他们的行李是否贴满来自各国的标签？他们是否穿着你母校的运动衫？

❖ **保留别人的个人空间。在公共场合中，表现得尊重及不具威胁性十分重要。如果你看到别人的穿着、阅读的东西或做的事很不寻常，不要多问他们为什么。**

人们讲话，只因为人们认为有声比无声更容易掌控。

❖ 要向你看到的坐着轮椅的人致意。太多人会向站在他们眼睛水平高度的陌生人微笑，但却忘了在他们眼睛水平高度之下的人。你无须刻意地对待这些人，只要在你问候别人、发问或展开对话时把这些人也算进来就行了。

❖ 如果你站在一位拿着白色手杖的盲人旁边，向他们打声招呼，请再加句对天气的寒冷、潮湿或环境的评论，那才有礼貌。这样他们就会知道你在旁边，你就不会吓到他们。一个简单的问题（例如："你之前有没有到过这儿？""你听过这位演说家的演讲吗？""这是你第一次到凤凰城吗？"）可以让你知道对方对交谈有没有兴趣。

要是你注意到对方特别高、特别胖、吃得太多或有点儿醉态、留着红头发或坐着轮椅、应该要结婚或者不应该怀孕，你应该克制住向对方提出这些发现的冲动。

不该干的……

❖ 如果对方是陌生人，你不需要一开始就交换名字及握手。你可以在聊得很愉快之后再这么做，以增进你们之间熟识的程度。

❖ 如果对方没有响应，就不要再聊下去了。无论你在排队或坐在候车室时有多么无聊，其他人也没有义务和你聊天娱乐。虽然这看起来应该很明显，但有些人想讲话的冲动就是太强烈，或下定决心要吸引别人的注意，他们似乎对其他人发出的想要独处的暗示不为所动。

❖ 别坚持一定要跟你在飞机、火车、公交车或地铁上的邻座乘客聊天。如果你知道自己是个喜欢和陌生人聊天的人，最好安排其他方式来打发时间，因为你找到同样爱与陌生人聊天的人的机会相当渺茫。在就座时可以被接受的行为，就是朝着他们的方向有礼貌地点头、微笑。要是你碰到不断想找你聊天的邻座乘客，可以说：

"对不起，在飞行途中我需要睡一下。"

"在这种火车上我听不清楚，因此我不喜欢聊天。"

"对不起，这班飞机我等了一整天了，因此我得安静放松一下。"

"我在飞行途中从不聊天，这会让我紧张。"

"我真的需要时间独处。"

"我好像感冒了，不方便说话，而且我也听不清楚。"

"我好像染上什么病了，我真的不该朝你的方向呼吸。"

"我的喉咙好痛，需要休息，希望不是链球菌。"

"嘿，你的家人有没有买足够的寿险？我有一整套含有任何一种状况的保险计划。"

❖ 不要碰触你不认识的人，无论你多友善地轻敲手臂或拍拍肩膀，这都会被当成一种侵犯、威胁或不受欢迎的举动。

❖ 不要问太私人的问题，这通常是种主观判断，一般来说，以下这些问题会被认为很不恰当：

"你结婚了吗？"

"你是什么重要人物吗？"

"要是发生紧急状况，你确定你可以打开这扇窗户吗？"

"你染发了吗？"

"你到底有没有发送免费样品？"

"你有小孩吗？"

"你住在独栋的房子里？"

"你知道抽烟的害处有多大吗？"

"你有没有想过要落实一个运动计划？"

"你几岁？"

"我一直想找个人问为什么他们要看浪漫爱情小说，你能告诉我吗？"

"你这个东西多少钱买的？"

"你毕业于哪所大学？"

"你为什么穿牛仔靴？"

特殊状况

❖ **如果有人戴的徽章或穿的T恤上有文字，或是在看得见的地方有文身，聊天时提到这些东西，通常都是可被对方接受的——有时还很受欢迎。**

❖ **如果你就要迟到了，却冷不防地碰到一个想跟你聊天的人，你可以这样说：**

"对不起打个岔，我今天必须照着行程表来做事，请你再打电话给我，好吗？"

"真可惜！我一直想见你，只是现在我没办法多待一分钟，我今天晚上可以打电话给你吗？"

"我已经迟到五分钟了，不然我很想跟你聊聊。我可以改天再去拜访你吗？"

"运气真不好，我没空时才碰到你。"

"真可惜，我约会要迟到了，明天打电话给我，我们聊聊近况。"

❖ **如果看见名人，你因此激动而变成了另一个人——实际上丧失尊严及自制力的人——你非得和这个人讲话，而且非常想要拿到他的签名，那么至少记住这几件事：（1）当他们正在吃东西，或正要搭出租车，或做事做到一半时，请不要去找他们；（2）等轮到你时，再去找他们；（3）交谈一定要非常非常简短，不要滔滔不绝——简单表达欣赏之意就够了；（4）事先准备好请他们签名的纸笔；（5）继续去结识其他人。**

绝对不要问作家他接下来要写什么，问画家他接下来要画什么，他们比较喜欢聊他们过去的作品。

交谈，只是一件让人紧张又不得不经常做的事情。

❖ 如果有人向你乞讨，你的反应要视你的信念而定：你觉得不能"鼓励"乞讨的行为，或者，你觉得他们只会把钱拿来买酒或吸毒，基于你的原则，就不要给他们一毛钱。或者，每天早上你都会在口袋里放一些钱，把它给第一个碰到的乞丐；或者，你在桌前规划你的慈善计划，觉得把钱交给可以监督金钱用途的组织更好。无论你的决定是什么，对于这些乞讨的人，不要视而不见或拆穿他们，可以跟他们说"早安"或点头微笑。

聊些什么……

几乎任何一种话题都有好有坏，要视聊天的背景而定。以下的建议并非适用于所有情境，不过它们可以为你提供可以打开话匣子的建议话题。如果你和对方发现彼此聊得很愉快，你们可以进到下一个阶段，聊些比较私人及认真的话题，谈论工作、家人及经验等。

可以聊的话题

逸事、趣闻、意见、观察。

对方带的书：它好看吗？你会推荐它吗？

狗：你的狗叫什么名字？它是什么品种？

交通工具：你知道这班飞机有超额订位吗？

你即将欣赏到的表演：你以前看过它吗，票有多难买，你怎么到这儿的？

今天的飞行：机舱里有多闷，座位有多小，除了一包脆饼，你很少能向空姐要得到别的东西。

嗜好：你收集那些东西吗？你一定是位飞机模型的爱好者。

当地人开心的话题：新的市民中心、图书馆、公共游泳池、艺术中心、终于铺平的道路坑洞。

不具备争议性的重要新闻：地震、火山爆发、多车连环追尾的交通事故。

运动、体育锻炼、周围的健身房、篮球场。

周围的环境：对于这个房间、建筑物、地区、礼堂的评论。

天气：异常、要变坏了、对活动或未来计划的影响。

某个地方在哪里：好餐厅、最近的咖啡厅、卖二手书的书店。

最好别聊的话题

抱怨延误、不便、混乱。

金钱：某个东西值多少钱，你的和他们的薪水。

争议性的话题。

对环境、活动、食物等提出的批评。

今天的飞行——多么令人提心吊胆。

疾病。

低级的笑话。

有关别人的私人问题。

评论旁边的人。

你的健康。

性。

你的个人问题。

开场白

你不认识的人

"今晚的比赛结果你预计如何？"

"你是会员吗？"

"我是不是在哪里见过你？"

"你经常来这儿吗？"

"你对这位演讲者了解吗？"

"你知道哪里找得到钟表修理店吗？"

"你住在附近吗？"

"你经常到这儿购物吗？"

"对不起，你知道最近的花店在哪里吗？"

"你有没有听过这部片子的什么好评？"

"我真不敢相信这里烟味这么重——我想你下回不会在这种地方抽烟了。"

"你看没看昨晚的《生存者》？我错过节目，不知道谁被淘汰了。"

"我最后把车停在街上，你知道附近有没有停车坡道吗？"

"我应该见过你，但我想我们不认识，我的名字是……"

"我看你在打网球，你可以推荐一家网球俱乐部吗？"

"新奥尔良是你的终点站吗，还是你只是在那儿转机？"

"这是我第一次到里斯本，你对这儿熟吗？"

"这和我的骨科医师所放的背景音乐一样，我的脚开始紧张了。"

  每个社交上的偶遇都充满了失误的、空洞的以及愚蠢的言行，交谈的话很少有适当的，更别说是重要而有说服力了。然而，人们对他人所做的笨拙尝试却会接受、响应、笑脸以对，通常也会抱持赏识的态度，因为他们赏识对方的关心及参与的意愿。

你认识的人

"假日有什么计划？出去玩？留在家里？还是有访客？"

"弗兰克，近来还好吧？"

"你常去她那儿看病吗？"

"你好，我前几天碰到珍妮弗，她对我说，我们三个人得找个时间一块儿聚聚，吃个午饭。"

"你是怎么发现这个拍卖会的？"

"我整个夏天都没见到你，你躲哪儿去了啊？"

"这不是最棒的美术馆吗？他们的埃及收藏品是我所见过最棒的。"

"我一直想问你在哪儿淘到这么可爱的礼物，现在我知道了！这家店真棒。"

"我正想到你，太巧了！"

"珍妮，很高兴见到你，艾德和家人都好吗？"

"我正想见到你！跟我说说贾斯汀做得如何。"

"嗯，你好，有一阵子没见到你了。"

"上次见到你时，你不是正打算搬家吗？"

"真意外！"

"你今天怎么来的？"

"你怎么会想来参加这场音乐会？"

"你和这个团体有什么渊源？"

"威廉！最近好吗？"

情景对话

如果他们说	你就说
"对不起，我可以插队到你前面吗？我很赶时间。"	"当然！"
"对不起，我可以插队到你前面吗？我很赶时间。"	"其他时候的话没问题，但我自己都要迟到了，对不起。"

（续表）

如果他们说	你就说
"好漂亮的戒指，你多少钱买的？"	"不记得了。"
"你知道我讨厌什么吗？等所有食品杂货都包好放进推车才开始签支票付款的人。"	"是呀。"
"这真是我见过的最漂亮的黄金猎犬。"	"你太客气了！它真的很乖巧，你是怎样知道黄金猎犬的？"

结束聊天

"希望你喜欢这场表演！"

"希望你的园艺布置进行得顺利。"

"很高兴再次见面，安奈特！"

"希望你在阿拉加斯玩得愉快。"

"很高兴见到你。"

"很高兴和你聊天。"

"和你聊得很愉快。"

"也许改天会再碰面。"

"代我向弗洛及家人问好，好吗？"

"保重！再见！"

"瞧，这次的等待还不坏，这都要谢谢你！"

"遇见你真高兴。"

第17章
如何在电话中说话

记住！这世界上接听你电话的人只有两种：一种人喜欢接电话，电话一响就立马兴奋；另一种人的大脑立马启动战斗或逃跑的模式，然后大叫："该死的电话，到底有什么事？"

如果你知道电话那头的那个人可能正在发飙，那就把话说得简短而直接。如果那头暗示不想马上挂电话，而且你也有时间的话，那就放轻松，好好在电话里聊聊吧。除此以外，你应该做到简明扼要，并且保持友善的态度。

电话可以分为三类：商务电话、私人电话和个人电话。

商务电话通常都是由办公场所打出去的，一般都有特定的目的（想象一下打电话给老板汇报工作吧），而且通常都聊得很简短。如果电话中有问题需要进一步展开讨论，你可能就得安排一场面对面的会谈，除非你人在这块大陆之外的其他地区。

一开始你通常会说传递善意的客套话，先问对方过得如何（你最近好吗？），对方也会给标准答复的话："很好，你呢？"接下来是："再好不过了，对了，有关你传真给我的报告……"最后则是说句友善的话（保重）。

私人电话则是很私人的，因此你可以用自己的方式来说这些电话（与亲朋好友聊天请见第10章，与女神聊天请见第9章）。

个人电话也很常见，例如，打电话跟医师安排看病时间，确定货物订单，取消订报，要求再开药方，询问汽车轮胎是否到店了，理论上不该在工作场合打出，但由于这些电话必须在早九点到晚五点的时间内打出去，因此你会在工作场合中打这些电话。所以，这类电话要简短，听起来像谈公事就变得更加重要。你可能要略过前后的友善问候，直入主题说："我打电话来续订药方。"你无须取悦对方，当然，礼貌和耐心还是不可或缺的。

该干的……

❖ 你的电话答录机往往是人们打电话联系你时最先听到的声音，请缩短你留在答录机中的语音内容。现在，每个人都知道"哔"声之后要留下他们的姓名及电话，而且大多数答录机都会记录来电的时间。答录机的接电话开场白语音内容，包含你的姓名、电话号码，以及保证你会回电的话语（虽然现在每个人都知道这件事）。还有，如果你喜欢的话，可以说你很高兴接到电话。

"我是弗兰·瑞恩，谢谢你的来电，请留言。"

"嘿，我是玛丽，请留言。"

"嘿！这里是辛普森家，我们会很快回你电话，因为我们都期待和你说话。"

"你已接通芭迪·罗伯克的电话，对不起错过你的来电，请留下姓名及电话。"

"我是A-GO-GO系统的洛瑞·费尔德，我会尽快回你电话，请留言。"

"这里是818-555-1234，请留言，我们会尽快回电。"

如果你的商务电话由自动系统处理，打电话进来的人应该想听到简短的问候语，而不是太多的电话选项——如果你能有办法处理电话选项这件事的话。

你可以考虑每天录一段新的信息，在公事电话中，这会让人觉得你正坐在桌前期待对方的来电，准备和他们接洽。如果你提到离开座位，那会特别有帮助：

"谢谢你的来电，今天是2月7日，我是露比·博古斯，我整个星期都会在公司或在附近，因此很快就会回您电话。"

"我是明库斯公司的杰瑞·哈迪斯，今天是9月14日星期二，16日之前我都不在办公室，请留言，我回来后将会回你电话。"

"我是派斯威公司的玛丽·桑德斯，如果你听到这个留言，表示我正在接打另一个电话，除了3点到4点的会议之外，我今天一整天都会在办公室，会尽快回您电话。"

❖ 当你在和别人说话，或者忙得没时间说话时，就让答录机替你接听电话。你自己接听电话，就只为了跟来电者咆哮说你很忙、你会回电，这并不会比用答录机更好。

❖ 当你打电话给别人时，要先表明你是谁，并确认他们有时间和你说话。最可能的状况是，除非对方有时间接听电话，否则他们不会拿起听筒，但现在大家都会同时做很多事，因此最好一开始先问他们有没有时间讲电话。你问了"现在方便讲话吗？"之后，一定要等待对方的答复，有些人问了这个问题后就马上开始讲话了。

❖ 当你在答录机留言时，一开始先说你是谁，通话最后再重复一次姓名；如果认为对方不容易记住的话，把你的姓也说明一下。缓慢而清楚地说出你的电话号码，若是再重复一次，将会很有帮助，这样对方在写下号码时可以重复确认而无须重听留言。太多人在说出电话号码之前都会把话说得很清楚，但等到要说电话号码时，要不就是说得很快，要不就是不清不楚，因为这个号码对他们来说太熟悉了，以至于顺口带过。

❖ 除非你打电话找朋友聊近况，否则打电话时一定要简短，非常非常简短。

铃声响起的电话是现代生活的急切召唤，决定不接电话需要勇气。

❖ 当你打电话联系对方，却是对方的配偶、合伙人或助理接电话时，说一两句问候的话，让他们知道你找的不是他们：

"午安，福瑞达，我是麦克，一切都顺利吗？你老板方不方便接电话？"

"早安，麦克唐纳太太，我是福瑞德·马尔尚，你今天好吗？西尔一直很称赞你，我可以跟他说话吗？"

"嘿，乔安，我是西比尔，在你帮我接给山姆听电话之前，先问一下你的假期过得如何？"

"是的，我是艾琳·纳什，想找潘妮·西尔斯，不过我可以先说一下吗，你在电话上的声音是我这几年来听过最好听的。"

如果你误接了一通电话，发现对方的时间太多，有无穷无尽的逸事、实况报道、评论、笑话及乱七八糟的言论想说，你可以说：

"我很想跟你说话，但现在不行啊，我明天再打给你吧？"

"我现在忙得一塌糊涂，晚点儿再打给你。"

"真的很对不起，我得挂电话了，有急事。"

"我一早上实在太忙了，晚上再打给你。"

"我每天都这样，真没时间讲话。"

"我这里都快乱死了，等我处理好了再尽快打给你，好吗？"

"公司正在抓接打私人电话，杰克，咱们另外找时间再聊吧。"

❖ 当你打电话给家人及朋友时，要像对待公事上的熟人那样有礼貌：问他们是否有空接电话、礼让他们讲话、对他们准备要挂电话的暗示保持警觉。每隔几个月，你要回忆你的私人电话，看看自己对待朋友、家人是否像对待工作上的熟人那样有礼貌、有风度以及体贴。

除此之外，虽然有时是电话先响起，但还是不要让家人、朋友觉得你每次打电话跟他们所讲的事情比他们本人要重要。

❖ 接完商务电话之后，写下在电话中讨论的事宜，然后再告诉对方："根据我们今天早上通的电话……""今天下午我们在电话里决定……""我们工作一开始的进展是……""很高兴你可以重新安排我们跟×××的面谈""这是为了确保不会忘记及误解。"

❖ 如果你不得不请某人在电话里在线等候一会儿，先问问他们是不是比较喜欢你，过后再回电话给他们。有些人不介意在线等候，有些人则不喜欢。

❖ 当你打电话给朋友或家人时，每隔几分钟就要自我检查一下，看看自己有没有给对方讲话的余地。电话对一些人来说有种奇怪的效应，一旦开始讲话，就忽视了对方的存在，好像话停不下来，从这个主题讲到下一个主题，对方完全插不上话。理想的状态是，每一方都要各有一半的通话时间来讲话。

❖ 如果来电者没有报上姓名，而是唐突地说："我可以和弗洛伦斯讲话吗？"你可以说："请问你是哪位？"如果你是替别人接电话，你可能不会问："你找她有什么事？"但你可以说："我等会儿再告诉她吧，请问你是哪里？"来电者没有先自我介绍，是很粗心的做法，你可以用任何你喜欢的回答方式来自我保护。

在我们的历史中，原本被认为最能节省时间的东西到头来却是在浪费时间。在我们的工作环境中，电话比其他任何东西都能造成更多的干扰与紧张。

不该干的……

❖ **不要让电话控制你的生活。如果你没有助理，就装台电话答录机。只在一天当中的某个时段回电话，这样的话，就不会出现电话整天都扰乱工作的情况。不管你接听电话或晚点儿再回电，霸道的来电者都不会让你的日子更好过，使用电话答录机却可以减少电话量。除此之外，人们会尊重那些不太容易用电话找得到的人。不过，这是额外附带的效果，你的目的是要完成今天的工作。让电话为你工作，而不是你为电话工作。**

❖ 不要打电话给某人，然后说："猜猜我是谁。"就算你以为他们一猜就会猜对，然后高兴得尖叫，但请别这么做，只有很少人才喜欢这种事。

❖ 除非你确定他们可以接听电话，否则不要打电话给住院治疗或生重病在家的人。很奇怪的是，久病在家的人会想接到更多的电话，然而重病者却宁愿把你的电话问候拿来交换额外的睡眠及止痛药。

❖ 不要在未经对方同意的情况下把通话变成扬声器的状态。当对方以为他在对你一个人讲话时，却发现实际上还有五个人在这边听这个电话，这会令人紧张不安。

❖ 不要让手边正在讲的这个电话在线等候，然后去接听插拨电话。唯一的例外是：你正在等一个重要的电话，而且已先提醒第一位来电者，如果其他电话进来，你得转过去接听。不过，一般来说，插拨的目的在于让来电一方得知你很忙碌。在有些电话系统的设定服务功能中，通过插拨，他们可以只拨一次电话就好，然后利用语音信箱留言给你，并且知道你会回他们电话。当你正在跟别人讲话时，又去接听插拨电话，会被人认为很失礼。

❖ **别在商务电话中沉迷于闲聊，你可能有空闲，但对方不一定有。还有，这也很不专业。无论你是来电或去电，在电话中讲公事以外，用一些友善的问候点缀一下语气就够了。**

"曼斯菲尔德博士，你好吗？希望不会太忙。……谢谢你花时间和我说话，那就这样，再见！"

"你好，玛丽，希望你和家人都好，那先再见了，请代我向史威森问好。"

"莱昂纳多！最近好吗？……宴会上见了。"

"朗雪德太太，早安。你的房子经过了昨晚的暴风雨还好吗？……再见了！还有，今天晚上别忘了关窗户。"

❖ 对很多人来说，同时做很多事已经成为一种习惯的生活方式，但如果在跟某人讲电话时，你还在一边拿订书机订纸张、洗碗、修理计算机、整理数据或用力关抽屉，这会令人紧张。如果你真的很忙，也许可以晚点儿再打电话给对方。或者，若对方是你熟识的人，你可以问："你介意我一边跟你说话，一边订东西吗？"

特殊状况

❖ 电话可能已经是你最重要的省时工具（但有些情况下可能正好相反，例如工作的最后期限到了，或正在进行高度紧张的工作时），不过，如果不是的话，那么你可以利用电话来开会，甚至是开在线研讨会。有些人，通常是性格外向的，比较喜欢用电话开会。在现今竞争激烈、需要不断削减支出的企业环境中，你可以不必派人员出差，还可省下派人亲自参与会议时所浪费的时间，总之可以省下时间、精力及金钱。言谈明智、幽默的美国作家弗兰·李伯威兹则从另一个角度来看："打电话是你无须倒饮料给谈话对方的一个好方法。"

❖ 有时候，当你电话讲到一半时，会听到对方的其他电话不断地在响。别人不会因为你让出你的时间而感激你，不过，当你真的这么做时，对方会大松一口气，你可以说："我听到你其他电话在响了。""你需要接听一下吗？""我可以在线等。"

另一个相似的状况是，你打电话到某个人的办公场所时，如果你一开始就跟对方先说"你正在帮顾客处理事情吗？如果是的话，我可以等"，这会很有帮助。事实上，这么做比想象中对自己更有利，因为，如果对方无须周旋于两个电话之间，或者周旋于一个电话与一位前来访问的顾客之间的话，那么，他们就更能专心地和你通话讲事情，答复你的问题。

❖ 你可能已经发现，电话是请求别人帮助的最好工具，你无须看见他们脸上掠过的阴霾，或看到他们的眼睛瞟向别处，预料他们推诿的答案。要求协助时，电话非常好用。不过，如果是别人要求你的协助呢？**如果你答复对方的时候，发现自己的脑筋转得不够快，你一**

定要回答：

"你现在就需要答案吗？请让我想一想后再回电话给你。"

"给我几天时间考虑，好吗？"

"嗯，可能可以吧，不过我不确定，我晚点儿再打给你。"

"我知道我的日历上安排了事情，先让我查一下。"

"我可以再回你电话？我现在无法决定。"

"我一直很忙，我答应之前先让我确认有没有时间。"

"先让我查一下日历，我明天打电话给你。"

"我可以再回你电话吗？"

"当然，我很想答应，不过……对了，我知道了，我再回你电话。"

"谢谢你的提议，让我查一下日历然后回你电话。"

"你知道我愿意为你做任何事，不过这很难处理，我可以稍后再答复你吗？"

这让你有时间决定如何答复，而且，如果你想拒绝，你有足够的时间想出真正适合的理由来说你做不到。如果你对对方的要求说**"好"**，记住，此时的你拥有一些提条件的权利，你可以对对方设定你的条件：

"我们可以这么做吗？……"

"如果我们……，我就可以处理。"

"我很乐意帮忙，但我只有在……时有空。"

"我可以做的是……"

"对我来说，行得通的是……"

❖ 由于电话交谈就其本质而言时间相当短暂，因此，你要设计一套有益于你的方式，以便能够在打电话的时候速记。你可能认为，稍后也记得住在电话里讲的事。不过，在多接了六个电话及开了两场会议后，记忆就不太管用了。如果电话中提到一个以上的名字或数字，可以请对方将这些信息的复本传真给你。同时，尽管请对方重复某件事情或者念出名字的拼音，这表示你不只是细心，而且还很重视对方的信息。

❖ 如果由于对方没有回电，以至于你无法继续对话时，该怎么办？第一，问问自己，有没有其他人可以提供这一信息。第二，设想对方没有回电的唯一理由是他们不想打电话，那就放弃吧。第三，留下一个说明最后期限的信息："珍妮，你可以在星期三下午4点前打电话给我吗？"如果他们没有回复，就回到"第一项"的做法。

❖ 如今，手机相当普及，数量比我们的人口还多，与手机相关的注意事项包括：（1）当你在超市结账、为干洗衣服付账或与站在面前的人交涉时，不要再打手机。用手机与电话那头的人交谈，不能优先于当场与现实生活中的人面对面的互动。在某些状况下，拿着手机打电话的人会有突如其来的无礼举动。因此，你应在与朋友、业务员交涉之前或之后讲电话。（2）当你在纽约市热闹的第五大道，周围都是喇叭声及喧闹声时，边走边讲电话，或是边开车边讲电话，在你快撞到前面的车以及抱怨其他的驾驶人时，对方得在线等候你。因此，你必须事先确定对方跟你一样，对这种状况习以为常、不以为意。因为这些电话对你的方便性远高过对其他人的方便性。（3）当你进入电影院、医院、教堂、教室、餐厅或其他会被铃声干扰的地方时，请把手机关掉或调成振动。

聊些什么……

在私人电话中，什么事都可以谈（与家人及朋友谈话的技巧请见第10章）。至于商务电话，只有一个主题：问问题、澄清问题、抱怨。在商务电话中，除了公事外，通常不太会谈到其他事。不过，在某些状况下，谈完公事后进行一点儿聊天交谈并不为过，但仍必须保持简短。

可以聊的话题

欣赏——如果你可以不经意地说出一些祝贺或欣赏的话，但说无妨。

当天报纸的文章。

健康。

你们共同的爱好。

当地的新闻。

推荐的电影或书籍。

共同朋友的疾病、手术、死亡。

你想推荐的餐厅、书籍、兽医、医师。

你们双方都获邀的社交或商务活动。

运动。

全国的时事或当地的活动。

影响到你们双方的交通或停车问题。

询问假期或假日计划。

天气。

与工作相关的话题：最喜欢的软件程序、电子邮件的问题、有用的网站。

最好别聊的话题

机密的事情。

争议性话题。

批评其他人。

内部的抱怨。

对方没有获邀的活动。

失败。

八卦。

东西值多少钱。

金钱。

对工作场合的负面评论。

个人的问题。

别人的私人花絮。

评论其他人的外表、习惯。

薪水——你的或他们的。

性。

不属于你的工作问题。

你的健康。

开场白

"沙琳，我是露易丝，我很快就说完。"

"珍妮，我是唐，很快问个问题。"

"午安，华特，我是乔安娜，可以占用你几分钟时间吗？"

"早安！我是艾美莉·吉福特，你现在有空吗，还是我稍后再打过来？"

"你好，我是罗达·考特妮，我现在是回你的电话，你现在方便说话吗？"

"你好，我是罗丝·罗日梅，你现在有时间吗？"

"嘿，戴咪，我是苏珊，我知道你很忙，我很快就说完。"

"嘿！我是亚特·贝雷斯，你现在方便讲话吗？"

"嘿，我是梅格·奇萨克，我想跟你说你要的数字，如果你正在忙，我可以晚点儿再打过来。"

"嘿！我是山姆·朗登，我想跟你说亚诺·安格的报告，现在方便吗？"

"嘿！我是苏，我有打断你吗？"

"梅莉安！我是小贝兹，很快问你一个问题，你现在有空吗？"

"我是芭芭拉·莫那，你有时间讨论募捐餐会的晚餐菜单吗？"

情景对话

在电话中快速讨论公事或花点儿时间聊天，这都由你决定。若是前者，你会给一个字或一句话的答复；若是后者，取决于你的目的，你可以选择在答复之后再提问题。如果你要和某人建立关系，可以稍微聊一下天，如果纯粹谈公事，就不用了。

如果他们说	你就说
"我可以再回你电话吗？"	"当然！星期四前我需要你的答复。"
"我打来的时间是不是不对？"	"是不太方便！我什么时候回电给你比较合适？"
"然后她跟我说……"	"查理？我这儿有点儿状况要处理，我们可以晚点儿再讲吗？"
"猜猜我是谁！"	"对不起，你一定打错了。"（挂掉电话）
"哇，终于有个人来接电话了，我真讨厌电话答录机。"	"的确是。"
"天气真好。"	"很棒！我知道你是从阿拉斯加搬来的，那儿的冬天通常有多长？"
"最近好吗？"	"事实上，这个星期很顺利，大厅的重建工程完工了，下次你来时好好看一下。"

如果他们说	你就说
"你过得如何？"	"很好！很好！听着，我们讲话的时候，你要的图表就会传真过去了。"
"湖人队表现如何？"	"很棒的球赛！你之前就是他们的粉丝吗，还是搬到这儿才是的？"
"昨晚的比赛很精彩！"	"没错！应该再多一点儿像这样的比赛，对了，你知道我们的订单是怎么回事吗？"
"你和你先生找到房子了吗？"	"谢谢你的关心，很高兴我们找到了，你有除草公司可以推荐吗？"

结束聊天

多数时候，打电话的那个人应该就是结束对话的人，你可以用快速又不失礼的方式做这件事。

"再联系。"

"再见！"

"我知道更多的话再打电话给你，再见。"

"你找到时再跟我说，好吗？"

"OK，就这样，再见。"

"回头见。"

"保重。"

"谢谢你花时间讲电话，再见。"

"那样可以吧，我想，再次谢谢你！"

"这正是我要找的东西，太谢谢了！"

"嗯，不耽误你了，再见。"

"你帮了我大忙，谢谢。"

图书在版编目（CIP）数据

说话的艺术 /（美）罗莎莉·马吉欧
（Rosalie Maggio）著；正林，王权译 . -- 长沙：湖南
文艺出版社，2020.7（2023.3 重印）
书名原文：The Art of Talking to Anyone
ISBN 978-7-5404-9714-9

Ⅰ. ①说⋯ Ⅱ. ①罗⋯ ②正⋯ ③王⋯ Ⅲ. ①语言艺
术—青年读物 Ⅳ. ①H019-49

中国版本图书馆 CIP 数据核字（2020）第 112855 号

著作权合同登记号：图字 18-2020-101

上架建议：沟通·人际交往

SHUOHUA DE YISHU
说话的艺术

作　　者：[美]罗莎莉·马吉欧（Rosalie Maggio）
译　　者：正 林　王 权
出 版 人：陈新文
责任编辑：丁丽丹
监　　制：于向勇
策划编辑：刘洁丽
营销编辑：王　凤
封面设计：末末美书
版权支持：姚珊珊　辛 艳
出　　版：湖南文艺出版社
　　　　　（长沙市雨花区东二环一段 508 号　邮编：410014）
网　　址：www.hnwy.net
印　　刷：三河市百盛印装有限公司
经　　销：新华书店
开　　本：680mm×955mm　1/16
字　　数：187 千字
印　　张：15
版　　次：2020 年 7 月第 1 版
印　　次：2023 年 3 月第 7 次印刷
书　　号：ISBN 978-7-5404-9714-9
定　　价：48.00 元

若有质量问题，请致电质量监督电话：010-59096394
团购电话：010-59320018